最短的情话
是你的名字

——每日暖心情话

吉光片羽 编选

江西美术出版社
全国百佳出版单位

图书在版编目（CIP）数据

最短的情话是你的名字：每日暖心情话 / 吉光片羽
编选 . -- 南昌：江西美术出版社，2022.9
ISBN 978-7-5480-8702-1

Ⅰ. ①最… Ⅱ. ①吉… Ⅲ. ①爱情－名句－汇编－世
界 Ⅳ. ① C913.1

中国版本图书馆 CIP 数据核字（2022）第 128534 号

出 品 人：刘 芳
企 　 划：北京江美长风文化传播有限公司
责任编辑：楚天顺 朱鲁巍 　 策划编辑：朱鲁巍
责任印制：谭 勋 　 　 　 　 封面设计：冬 凡

最短的情话是你的名字：每日暖心情话
ZUIDUAN DE QINGHUA SHI NI DE MINGZI：MEIRI NUANXIN QINGHUA

吉光片羽 编选

出 　 　 版：江西美术出版社
地 　 　 址：江西省南昌市子安路 66 号
网 　 　 址：www.jxfinearts.com
电子信箱：jxms163@163.com
电 　 　 话：010-82093785 　 　 0791-86566274
发 　 　 行：010-88893001
邮 　 　 编：330025
经 　 　 销：全国新华书店
印 　 　 刷：三河市华成印务有限公司
版 　 　 次：2022 年 9 月第 1 版
印 　 　 次：2022 年 9 月第 1 次印刷
开 　 　 本：880mm×1230mm 1/32
印 　 　 张：8
ISBN 978-7-5480-8702-1
定 　 　 价：38.00 元

我听过最短的情话，是你的名字（代序）

尝过爱情甜蜜的人，就会知道什么是如醉如痴，人间天堂。

"爱情是魔术师，是巫士；它将无价值的东西变成乐事，把王权在握的国王和王后变得如俗民一般。它是奇花异葩溢出的芳香，是心灵。没有这种神圣的性灵，没有这种痴迷的激情，人便和禽畜无异，但是如果有了它，人间便是天堂，我们就是神仙。"美国政治家英格索尔如是说。

古希腊哲学家柏拉图说：当爱神拍你的肩膀时，就连平日不知诗歌为何物的人也会在突然之间变成一个诗人。

吴越武肃王钱镠（852—932）出生时相貌奇丑，他的父母想扔弃他，因祖母怜惜而留下，所以取名钱婆留。钱镠种过田，当过盐贩子，不喜诗文，好习武，从士兵做起，后来平定两浙地区，创建吴越国，成为吴越王。

钱镠一生武功盖世，真正让他广为今人所知的，却是他写给他夫人的一封信。

有年春天，他提笔给回娘家的妻子写了一封信，信中有这么一句："陌上花开，可缓缓归矣。"钱镠一介武夫，但铮铮铁骨之下也有儿女情长。

清代诗人王士祯在《渔洋诗话》中盛赞："五代时，吴越文物不及南唐、西蜀之盛，而武肃王寄妃诗云'陌上花开，可缓缓归矣'，二语艳称千古。"

博纳科夫曾言：人有三样东西是无法隐瞒的，咳嗽、穷困和对一个人的爱，你想隐瞒却欲盖弥彰。

既然如此，何不说出你的感受？

当下正流行所谓"土味情话"，然而，情话并没有高雅与土味之分。无论是文人雅士被爱情激发的灵光乍现，还是坠入爱河之人的昏话呓语，都是情之所至。世上本无"土味情话"，它只是幽默外衣下的另一种爱意的含蓄表达。

原谅那些被爱情冲昏的头脑所说的荒唐的甜言蜜语吧，不是每个人都能在品尝爱情炽热之余还保持一份清醒。

如果仅仅听到一个名字，就令你爱意翻涌，浮现其容颜，那么，这无疑就是你的爱情。

看看名人是如何表达爱慕、感悟爱情吧！

本书所选的"情话"，既有知名男女互诉衷肠的情书，也有名人贤达关于爱情的感悟和金句。

这些关于爱情的句子，或暖心得撩人，深情得醉人，甜蜜得齁人；或深刻得犀利，清醒得苍凉，痛苦得凄怆。所选篇幅，或简短隽永，意味无穷；或纸短情长，情意绵绵。一言蔽之，情之所至，无以复加。

希望读者在品读这些爱情炽语的同时，也激发出自己的灵感，不吝向自己的爱人作出最深情的告白。

目 录

contents

第一章　爱的缘起

情笺 /002

钟情 /009

缘分 /012

怜惜 /014

第二章　撩动心弦

心动 /022

流露 /026

盲目 /028

激情 /031

第三章　爱的煎熬

相思 /036

苦乐 /040

疯狂 /047

春女思 /052

第四章 缠绵悱恻

炽热 /056

热吻 /060

拥抱 /065

爱欲 /069

第五章 爱的升华

美貌 /078

心灵 /080

升华 /084

勇气 /091

第六章 爱的考验

誓言 /100

谎言 /103

表白 /106

现实 /109

第七章 心心相印

表白 /114

忠贞 /119

默契 /123

鼓励 /125

第八章　爱的征服

浪漫 / 128

魅力 / 134

征服 / 136

嫉妒 / 138

第九章　爱的围城

婚姻 / 144

恩爱 / 158

平等 / 162

沟通 / 165

第十章　爱的离别

初恋 / 170

失恋 / 173

离婚 / 177

秋士悲 / 179

第十一章　爱的包容

争执 / 188

爱恨 / 192

宽容 / 194

慰勉 / 197

第十二章 爱的技巧

技巧 /200

赞美 /202

幽默 /209

憧憬 /216

第十三章 风度气概

男人 /222

气概 /224

风度 /226

智慧 /231

第十四章 优雅风情

女人 /234

痴情 /236

优雅 /240

风情 /242

第一章

爱的缘起

情笺

海上月是天上月，眼前人是心上人。

——张爱玲

那时你变姓名，可叫张牵，或叫张招，天涯地角有我在牵你招你。

——胡兰成

有一句话，我只问这一次，以后都不会再问，为什么是我？

——梁思成

答案很长，我得用一生去回答你，准备好听我说了吗？

——林徽因

20 年前，我们相遇，彼此陌生，但我们一见钟情坠入爱河。阿凡尼的漫天雪花见证了我们的海誓山盟。岁月流逝，儿女长大，有过甜蜜，有过艰辛，却没有苦涩。我们的爱意历久弥新。

20年间我们一同经历了风风雨雨，此时却宛如初见，只是皱纹已爬上面容，沧桑已布满心间，我们更老了也更睿智了。如今，我们懂得了更多生命的喜悦、痛苦、秘密和奇迹，却依然携手相依。我的双脚从未踏回地面。

　　——〔美〕史蒂夫·乔布斯

　　接到你的信，真快活，风和日暖，令人愿意永远活下去。世上一切算得什么，只要有你。

　　——朱生豪

　　第一次见你的时候，我的心里已经炸成了烟花，需要用一生来打扫灰炉。

　　——钱钟书

　　一个男人的情书，要照他所喜爱流露出来的热情写成：写得越热情，对方也就越喜爱阅读。

　　——〔爱尔兰〕萧伯纳

　　一个女人的情书，却要永远充满美妙的暗示——暗示其爱人之可爱；不要只顾诉说自己的爱意，要巧妙地期望更多的爱情来临。

　　——〔爱尔兰〕萧伯纳

热恋的男女在读情书时，是彻头彻尾地读，他们有三种方式读信：读字里行间，读言外之意，甚至连标点符号也读。

——〔奥地利〕阿尔弗雷德·阿德勒

纸上求爱，这也许是最有趣的求爱方式，因为这是最能持久的方式。

——〔古希腊〕柏拉图

人的心灵活动，最坦率、最无拘束、最秘而不宣的成果要算是情书了。

——〔美〕马克·吐温

我已经把今天的信寄出去，我很自豪能够在任何时候，只要我愿意，就可以给世界上我最喜欢的女孩儿写信。我必须再加上几句，要是我能够面对着你说"我爱你"那该多好。因为我真的爱你，奥莉维亚……正如露珠热爱鲜花，鸟儿热爱阳光，微波热爱轻风，母亲热爱她们的第一个孩子一样，我爱你，就像记忆青睐昔日熟悉的面孔，思念的潮水迷恋月亮，天使珍爱纯洁的心灵一样……

请接受我的亲吻和我的祝福，要接受这个事实：我永远属于你。

——〔美〕马克·吐温

回答我几个问题：（1）我与小猫哪个好？（2）我与宋清如哪个好？（3）我与一切哪个好？

如果你回答我比小猫、比宋清如、比一切好，那么我以后将不写信给你。

——朱生豪

爱情是友谊的精华，书信是爱情的妙药。

——〔英〕詹·豪厄尔

爱情是友谊的生命，书信是爱情的生命。

——〔英〕詹·豪厄尔

伟大的情书只写给伟大的女性。

——〔美〕埃·哈伯德

依穰小妹剧关心，鬓瓣多情一往深；别后经时无只字，居然惜墨抵兼金。

——钱钟书

我的心爱的克拉拉，你要信任我，你深切地相信我的果断会使你在困难中也鼓起勇气来的。我的最后的请求是：在你离开我之前，请你将那个在精神上与我结了不解之缘的你（有时你也这么私自称呼我）交给我。

我的热烈爱恋着的未婚妻，请接受我的亲吻！再会！

——〔德〕舒曼

我写这封信时，最觉得挂心的事是怕麻烦作复。如果你觉得写信是讨厌的事（我自己的信债简直迫得我发疯），请你不必作复，至多在明信片上写句"谢谢你"就够了。

——〔爱尔兰〕萧伯纳

我爱你朴素，不爱你奢华。你穿上一件蓝布袍，你的眉目间就有一种特异的光彩，我看了心里就觉着不可名状的欢喜。朴素是真的高贵。你穿戴齐整的时候当然是好看，但那好看是寻常的，人人都认得的，素服时的眉，有我独到的领略。

眉，我写日记的时候我的意绪益发蚕丝似的绕着你；我笔下多写一个眉字，我口里低呼一声我的爱，我的心为你多跳了一下。你从前给我写的时候也是同样的情形我知道，因此我益发盼望你继续你的日记，也使我多得一点欢喜，多添几分安慰。

眉，为什么你不信我的话，到什么时候你才听我的话！你不信我的爱吗？你给我的爱不完全吗？为什么你不肯听我的话，连极小的事情都不依从我——倒是别人叫你上哪儿你就梳头打扮了快走。你果真爱我，不能这样没胆量，恋爱本是光明事。为什么要这样子偷偷的，多不痛快。

——徐志摩

天气不好，可是命运之神却向我微笑。我遇到了十桩得意的事情：

一、收到爱兰·黛丽一封信；

二、接到从芝加哥寄来的一张《武器和武士》版税汇票；

三、收到爱兰·黛丽一封信；

四、我已经在我的新剧本的第二幕里，打破难关，拨开云雾见青天了；

五、收到爱兰·黛丽一封信；

六、看见美丽的落日，在遥远的山边坠下，心里想念着爱兰·黛丽；

七、收到爱兰·黛丽一封信；

八、收到爱兰·黛丽一封信；

九、收到爱兰·黛丽一封信；

十、收到爱兰、爱兰、爱兰、爱兰、爱兰、爱兰、爱兰、爱兰、爱兰、爱兰兰、爱兰兰兰·黛丽一封信。

——〔爱尔兰〕萧伯纳

迭戈，我的爱人——请你记住，当你完成那幅壁画之后，我们就将永远在一起，不会离开彼此了。我们不会争执，只会全心全意地爱着彼此。听话点，按照艾米·卢说的去做。我比从前任何时候都爱你。你的爱人，弗里达（回信给我）。

——〔墨西哥〕弗里达·卡罗

雅尔塔已经入秋了。好，我的小心肝，祝你健康，多来信，多来信，直到写厌了为止。再见，小母亲，我的天使，美丽的德国女郎（编者注：克尼碧尔祖籍德国）。没有你，我寂寞得要命。

——〔俄罗斯〕安东·巴甫洛维奇·契诃夫

钟情

我原以为我是个受得了寂寞的人，现在方明白我们自从在一起后，我就变成一个不能同你离开的人了。

——沈从文

一颗孤独的心在等待另一颗孤独的心，在世界的两地，在经历了令人厌倦的岁月后，他们终于萍水相逢，一见钟情。

——〔英〕埃·阿诺德

我不要儿子，我要女儿——只要一个人，像你的。

——钱钟书

一见钟情是唯一真诚的爱情，稍有犹豫便就不然了。

——〔英〕伊斯雷尔·赞格威尔

现在我明白了你的话，果然是真："谁个情人不是一见就钟情？"

——〔英〕威廉·莎士比亚

说不出是怎么一回事！你的形影在我的心上产生了一种奇异的效应。我生活得很好，可是也十分悲惨，昨天一点儿东西也没写成。我坐在威茨莱苯的雄伟的石山上，什么都做不出，于是信口吟成下列给你的诗句：

唉，你对于我，我对于你，究竟处于什么样的情形？不，不，其实，我对这些丝毫不用怀疑。当你在我的身边，我想不到去爱你，可一旦当你远离，我才觉得十分可爱！

——〔德〕约翰·沃尔夫冈·冯·歌德

一见钟情——自古有之，无须解释。

——〔英〕欧·梅雷迪思

我爱你也许并不为什么理由，虽然可以有理由，例如你聪明，你纯洁，你可爱，你是好人等，但主要的原因大概是你全然适合我的趣味。因此你仍知道我是自私的，故不用感激我。

——朱生豪

虽然我知道陛下永远不会因为没有必要的事情而缺席，但爱和感情迫使我渴望你的存在。同样地，感情和爱也迫使我尽我所有地满足于你的意志和快乐。因此，爱使我不屑于一切其他世俗的乐趣，并最快乐地拥抱我所爱的人的意志和快乐。上帝——秘密的知晓者，可以判断这些词不仅仅是用墨水写的，而且出自最爱你的人的内心。

——〔英〕凯瑟琳·帕尔

以前我最大的野心，便是成为你的好朋友；现在我的野心，便是希望这样的友谊能持续到死时。谢谢你给我一个等待。做人最好常在等待中，须是一个辽远的期望，不给你到达最后的终点。但是一天比一天更接近这目标，永远是渴望。不实现，也不摧毁。每发现新的欢喜，是鼓舞，而不是完全的满足，顶好是一切希望化为事实，在生命终了的一秒钟。

——朱生豪

缘分

我们相爱一生，一生还是太短。

——沈从文

在婚姻大事上，机会和命运常常良莠不分，叫人难以捉摸。

——〔英〕简·奥斯汀

在恋爱的事情上，都是上天亲自安排好的；金钱可以买田地，娶妻只能靠运气。

——〔英〕威廉·莎士比亚

如若相爱，便携手到老；如若错过，便护他安好。

——〔日〕村上春树

既然两人来世不再结发，那么今生今世更要珍惜，以后就都是旁人家的事了。

——三毛

爱情这东西，既不决定于你或者对方的自身条件，也并不取决于双方天性匹配，爱情的关键在于时间，在于时机，你何时靠近她的身边，何时走进她的心里，何时满足对方对于爱情的需要，太早或者太晚了都不行。说到底，爱情就是轮盘赌。

——〔美〕弗朗西斯·斯科特·基·菲茨杰拉德

不管这辈子是长还是短，也不管一路上会遇到多少不堪，只要能在某个时期与你不期而遇这就很好。

——萧红

于千万人之中遇见你所遇见的人，于千万年之中，时间的无涯的荒野里，没有早一步，也没有晚一步，刚巧赶上了，那也没有别的话可说，唯有轻轻地问一声："哦，你也在这里吗？"

——张爱玲

真正的爱情，绝对是天使的化身。一段孽缘，不过是魔鬼的玩笑。

——三毛

在人类一切感情中，只有一种是不需要任何一种理由的，这就是爱。

——〔美〕杰瑞米·勒凡

第一章 爱的缘起

怜惜

因为相知，所以懂得。

——胡兰成

因为懂得，所以慈悲。

——张爱玲

女人正像是娇艳的蔷薇，花开才不久便转眼枯萎。

——〔英〕威廉·莎士比亚

素，你不要乱奔乱撞。你的脚是纤细柔弱的，你的身子是没有甲胄保护着的，而世间是怎样地到处陷阱，无路不崎岖而刀山剑谷啊！我希望你好好地在妇人家住，好好地用功，好好地创作。我愿有一位创作家爱姐姐，不愿有一位恋爱殉难者的爱人。你在东京也不至于十分寂寞吧。你还有几位你很喜欢的朋友在身边，可以时常见面谈谈。P你不是很喜欢他吗？A妹、T妹你不也是很喜欢她们吗？我呢？我以后只有一个敌人：金子，金子！我没有朋友，有也都在远方。我只有一个人走我的路。然而，我不会悲观，我晓得怎样用我的环境活下去。所以你不必替我担忧。

素姐，真的，你不要乱奔乱闯啊！我去了，但我一定会再来找你，不管那时候我是变成怎样的人，也不管你那时还喜不喜欢我。

——杨骚

若你流泪，湿的总是我的脸；若你悲戚，苦的总是我的心。

——〔英〕乔治·戈登·拜伦

对世界我们不过是一介尘埃，但在爱我们的人心目中，却是那样珍贵重要。

——程乃珊

我们女人可以叫勇士感到敬畏，只有懦夫才敢冒犯女人。

——〔澳大利亚〕法夸尔

珍惜才是最极致的爱。

——冯骥才

我很愿意你能得着你最初的爱恋。我愿意你快乐，因为你的快乐就和我的一样。我的爱你，并不一定要你回答我，只要你能得到安慰，我的心就安慰了。我还是能照样的爱你，并不一定要你知道的。

——陆小曼

女人们不断为了爱情而自寻短见，但是一般说来她们总是做得很小心，不让自杀成为事实。通常这只是为了引起她们情人的怜悯或者恐怖而作的一个姿态。

——〔英〕威廉·萨默塞特·毛姆

爱情、悲伤、母性、名声、欢笑、轻蔑，这一切都在女子降生时附在了她的身上。

——〔美〕威德默

有位波斯诗人说：当初真主取来一朵玫瑰、一枝百合、一只鸽子、一条毒蛇、一点蜂蜜、一只死海果（相传产在死海附近的一种外表很美但一摘下便冒烟成灰的果实）和一把泥土，混在一起。定睛看时，这堆东西竟成了一个女人。

——〔美〕威·夏普

女人的一生充满悲痛，不停地辛劳、苦干，带着破碎的心、落泪的眼、不语的唇，任是心底悄悄地萌发出意愿，在这世上也永不会实现！多也好，少也好，可是这其中没有一件能给她幸福，没有一件！

——〔美〕亨利·沃兹沃斯·朗费罗

在所有通往女子情窦的路径里，怜悯是最直接的一条。

——〔英〕约翰·德莱顿

有人说，怜悯是爱情之母。

——〔英〕约翰·德莱顿

怜悯敲开了殿门，而入主神殿的却是爱情。

——〔英〕布尔沃·利顿

一旦女人对男人的悲伤产生了怜悯，随之而来的便是爱情。

——〔英〕杰弗雷·乔叟

对女人来说，怜悯导致爱情；对男人来说，爱情导致怜悯。

——〔美〕约·柯林斯

怜悯是爱情的忠实奴仆，一旦爱情准备举步，怜悯必定会给其主子让路。

——〔英〕丹尼尔·雷德克里夫

怜和爱实不能分开，因为有了怜才有爱。

——〔英〕约翰·德莱顿

第一章　爱的缘起

你能做到爱而不怜吗？爱情和怜悯本是孪生姐妹。

——〔英〕约翰·德莱顿

过于怜悯就成了爱情了。

——〔美〕罗·霍华德

你的心无限慈悲。你不知道，在这个自私的人世间，你是多有道德的人。你就是宽容，就是忠诚，就是善良，就是温柔，一句话，就是爱本身。爱造就妇女，就是你；心造就灵魂，就是你。愿上帝降福于你！

——〔法〕维克多·雨果

怜悯，爱情的柔弱姐妹。

——〔美〕威·琼斯

怜悯激起爱情的浪潮。

——〔印度〕爱·扬格

怜悯离爱情只有一步之遥。

——〔澳大利亚〕塞缪尔·理查逊

爱心充盈的慈怀，是从来不乏怜悯心的。

——〔英〕理查德·布林斯利·谢立丹

怜悯和爱情同属一族。

——〔英格兰〕基思·萨瑟恩

请相信我的话：从来不懂怜悯的人，也绝不会懂得什么是
爱情。

——〔英〕托·穆尔

穆基叶抵达马德里，告诉我，当他离开巴黎的时候，您病了。
请您也把我看成那些为您的痛苦而深深的痛苦的人中间的一个。

当您接到这一封信之后再过一星期，我已经抵达阿尔及尔。
如果我能在那里哪怕收到您的一封短信，从中能得到您宽恕了，
近一年来我对您所做的一切，如果您能饶恕我的罪过，那么在
我回到法国的时候心情就不会太沉重了。而如果到时候我能够
发现您的健康处在一种良好状态，我将感到极大的幸福。

——〔法〕亚历山大·小仲马

亲爱的妻：我一人在屋里，静极了，我在想你！我不晓得
我竟是这样无用的人，你一去了，我就如同落了魂一样。我什
么也不能做。前回我骂一个学生为恋爱问题读书不努力，今天
才知道自己也一样。亲爱的，我不怕死，只要我俩死在一起。
我的心肝，我亲爱的妹妹，你在哪里？从此我再不放你离开我
一天，我的肉，我的心肝！一哥在想你，想得要死！

——闻一多

第一章 爱的缘起

第二章

撩动·心·弦

心动

我亲爱的小女孩：

长久以来，一直想要在这样一个夜晚写信给你，我刚和朋友远足回来，是我会描述为"感觉世界属于我们"的那种远足。我想将征服的喜悦带给你，放在你脚下，如同他们在路易十六时做的那样。以前大喊一阵"累死了累死了"之后，我总是直接上床睡觉。

今夜，我却在给你写信，因为我感到了一种尚不为你所知的喜悦，友谊突然变成了爱，力量化为了温柔。今夜，我爱你，以一种你尚未了解的方式。我既没有感觉到远行后的筋疲力尽，也没有被需要你在我身边的渴望所包围。我掌控着自己对你的爱，把它内化成我的一部分。这种情形很频繁，远超过我向你承认过的次数，但是，这很少在我给你写信时发生。理解我吧。当我关注外部事物时，我爱着你。在图卢兹，我爱着你。今晚，在一个春夜，我爱着你。窗开着时，我爱着你。你是我的，整个世界都是我的，我的爱改变着身边的一切，同样的，它们也改变着我的爱。

我用我所有的心与灵魂爱你。

——〔法〕萨特

你嘴凑上来，我对你嘴说，这话就一直钻到你心里，省得走远路，拐了弯从耳朵里进去。

——钱钟书

我寄你的信，总要送往邮局，不喜欢放在街边的绿色邮筒中，我总疑心那里会慢一点。

——鲁迅

我知道我很大胆冒昧，听说你朋友很多，我不配高攀，可是很想在你的朋友里凑个数目。

——钱钟书

你是非常可爱的人，真应该遇到最好的人，我也希望我就是。

——王小波

我要坐远一点，你太美了！这月亮会作弄我干傻事。

——钱钟书

你走我不送你，你来无论多大风雨，我都会去接你。

——梁实秋

第二章 撩动心弦

我最亲爱的玛加丽达：我收不到你的来信，我苦苦思索如何才能解决这个棘手的问题。人们都说我聪明无比，可我对此事却束手无策。最近我自己洗了一次头发，不是很成功。我没有你那么细心，这里的一切都让我想起你。人们还是像以前一样生活，好像那个新的、笼罩在我们上空的危险阴影不存在一样。如果这封信能抵达你那儿，愿它问候你、亲吻你。愿恶魔带走拦截我们通信的人。

——〔瑞士〕〔美〕阿尔伯特·爱因斯坦

如果没有光彩夺目的爱情，生活简直就是不值一顾的破衣烂衫了。

——〔法〕维克多·雨果

友谊在别的事情上都是可靠的，在恋爱的事情上却不能信托；所以恋人们都是用他自己的唇舌。谁生着眼睛，让他自己去传达情愫吧，总不要请别人代劳；因为美貌是女巫，在他的魔力之下，忠诚是会在热情里溶解的。

——〔英〕威廉·莎士比亚

恋爱是艰苦的，不能期待它像美梦一样出来。

——〔英〕乔治·戈登·拜伦

求爱情的幸福，又怎能计较代价昂贵，最珍异的宝物，莫过恋爱中领略的情味；如果得来容易，看作等闲是自然之理。为爱情百折不挠，最佳的事也完全成功，我要达到目标，就顾不得当前险阻重重；即使难若登天，我也决心努力，勇往直前。

——〔西班牙〕塞万提斯·萨维德拉

第二章　撩动心弦

流露

爱比杀人重罪更难隐藏，爱的黑夜有中午的阳光。

——〔英〕威廉·莎士比亚

爱情和谋杀一样，总是要暴露的。

——〔英〕威廉·康格里夫

人有三样东西是无法隐瞒的，咳嗽、穷困和对一个人的爱，你想隐瞒却欲盖弥彰。

人有三样东西是不该挥霍的，身体、金钱和对一个人的爱，你想挥霍却得不偿失。

人有三样东西是无法挽留的，时间生命和对一个人的爱，你想挽留却渐行渐远。

人有三样东西是不该回忆的，灾难死亡和对一个人的爱，你想回忆却苦不堪言。

——〔美〕弗拉基米尔·纳博科夫

爱情进了人的心里，是打骂不走的。它既然到了您的身上，就会占有您的一切。

　　　　　　　　　　　　　　　——〔英〕威廉·莎士比亚

　　爱情无孔不入，它不仅能钻进敞开着的心扉，而且还能钻进戒备森严却偶有疏忽的方寸。

　　　　　　　　　　　　　　　——〔英〕弗朗西斯·培根

　　如果我们深爱着我们的伴侣，如果我们致力于充裕我们爱侣的生活，我们自然会竭尽所能地表现出自己的才华。

　　　　　　　　　——〔奥地利〕阿尔弗雷德·阿德勒

　　你要是知道一个人在恋爱中的内心的感觉，你就会明白用空言来压遏爱情的火焰，正像雪中取火一样无益。

　　　　　　　　　　　　　　　——〔英〕威廉·莎士比亚

第二章　撩动心弦

我目不见物，只愿再看到你。当然，你无法感受得到，伊丽莎白，你是多么有魅力，你的可爱是多么危险。

——〔英〕理查德·波顿

许多男人爱上女人都是在极昏暗的光线下，可是这种光线要他们选择一套西服他们都嫌不够。

——〔美〕雪佛莱

爱情本来是盲目的，让他在黑暗里摸索去吧。

——〔英〕威廉·莎士比亚

恋人的眼睛比猫头鹰的还瞎。

——〔荷兰〕克雷克

恋爱是盲目的，恋人们瞧不见他们自己所干的傻事。

——〔英〕威廉·莎士比亚

情人……能从埃及人的黑脸上看见海伦的美貌。

——〔英〕威廉·莎士比亚

人们多半在狂热中结婚，到头来造成一生的懊悔。

——〔法〕莫里哀

在恋爱中的男人，他会相信他所爱的那个女人的身上有他所向往的一切美。

——〔法〕亚历山大·大仲马

爱情虽然会用理智来作疗治相思的药饵，它却是从来不听理智的劝告的。

——〔英〕威廉·莎士比亚

智慧和爱情只有在天神的心里才会同时存在，人们是不能兼而有之的。

——〔英〕威廉·莎士比亚

一个恋爱中的人，可以踏在随风飘荡的蛛网上而不会跌下，幻妄的幸福使他灵魂飘然轻举。

——〔英〕威廉·莎士比亚

堕入情网者的眼睛都是瞎的。

——〔意大利〕普洛佩提乌斯

恋爱是盲目的，恋人们瞧不见他们自己所干的傻事。

——〔英〕威廉·莎士比亚

爱是戴着眼镜看东西的，会把黄铜看成金子，贫穷看成富有，眼睛里的斑点看成珍珠。

——〔西班牙〕塞万提斯·萨维德拉

当着情人的面，最坚决的心也会游移，最勇敢的舌头也会懦怯。

——〔西班牙〕塞万提斯·萨维德拉

婚姻的悲剧，如同其他许多悲剧一样，在于人所看到的对方的一切并非全都是事实。

——〔法〕安德烈·莫洛亚

激情

恋爱是我们第二次的脱胎换骨。

——〔法〕奥诺雷·德·巴尔扎克

爱情不过是一种疯狂。

——〔英〕威廉·莎士比亚

老头子恋爱，听说像老房子着了火，烧起来是没有救的。

——钱钟书

爱情是魔术师，是巫士；它将无价值的东西变成乐事，把王权在握的国王和王后变得如俗民一般。它是奇花异葩溢出的芳香，是心灵；没有这种神圣的性灵，没有这种痴迷的激情，人便和禽畜无异，但是如果有了它，人间便是天堂，我们就是神仙。

——〔美〕英格索尔

第二章 撩动心弦

真正的爱情就像鬼魂一样，并且人体验这种激情比激发这种激情更幸福。

——〔法〕弗朗索瓦·德·拉罗什富科

爱情！你深入一切事物的中心；你会把不存在的事实变成可能，而和梦境互相沟通。

——〔英〕威廉·莎士比亚

我的慷慨像海一样浩渺，我的爱情也像海一样深沉；我给你的越多，我自己也越是富有，因为这两者都是没有穷尽的。

——〔英〕威廉·莎士比亚

爱情无孔不入；它不仅能钻进敞开着的心扉，而且还能钻进戒备森严却偶有疏忽的方寸。

——〔英〕弗朗西斯·培根

我告诉你，爱神是万物的第二个太阳，他照到哪里，哪里就会春意盎然。

——〔澳大利亚〕查普曼

爱情使所有的人变成雄辩家——这话说得绝对正确。

——〔英格兰〕罗·格林

一样东西神通无比，一旦出现在一个人的心里，就永远不会离去；它给一切赋上新意，在这个人的音乐、诗歌和艺术中，它就是晨曦；它给大自然的面颊洒上一层紫气；黎明和夜晚的魅力因它而发生变异。一旦意中人出现，他（她）就会占据她（他）的整个心灵；一旦意中人离去，他（她）就会变成她（他）的全部回忆。

——〔美〕拉尔夫·沃尔多·爱默生

亲爱的小乖，现在我要乘船出行了，与派克西和唐·安德鲁斯、格力高里一起，在户外待一整天再回去，你一定要给我写信，至少一封信。你会写的吧，要是不写我可会伤心死的。但是你当然知道怎么做，对吗？你总是能持续到第二天早上，我觉得，我还是做好折腾到明晚为止的心理准备为好，这样今天晚上的表现才会好些。

请一定给我写信，小乖。你要真有工作的话就去做吧。没有你在，我难受得如同身处地狱。我在抚慰自己，可我想你想得要死了。你要是发生什么不测，我也会活不下去，如园子里的动物因伴侣的死而死一样。

我爱你，最亲爱的玛丽，你明白我并非没有耐心。我只是急切渴望着你而已。

欧内斯特。

——〔美〕欧内斯特·米勒·海明威

爱情是人类整个感情世界中欲望最为强烈的一种情感。

——〔前苏联〕尤里·留利柯夫

在爱情上，最初的一瞥往往只是一颗火星，长期观察，才能点燃情感的火焰，形成燎原之势。

——〔保加利亚〕瓦西列夫

第三章

　　　爱的煎熬

相思

要有多幸运，你喜欢的人也喜欢你。

——张爱玲

我愿意舍弃一切，以想念你终此一生。寄给你全宇宙的爱和自太古至永劫的思念。

——朱生豪

世界上好人不少，不过你是最重要的一个。你要是愿意，我就永远爱你；你要不愿意，我就永远相思。对了，永远"相思"你。

——王小波

玲珑骰子安红豆，入骨相思知不知。

——温庭筠

眼睛为她下着雨，心却为她打着伞，这就是恋爱。

——〔印度〕拉宾德拉纳特·泰戈尔

我乞求你，清楚明白地告诉我你的心意，是否愿意与我相爱。我必须要得到这个答案，爱神之箭射中了我，伤口已一年有余，能否在你的心中占有一席之地，我却依然无从确定。

——〔英〕亨利八世

　　自从与你分别，我时常郁郁寡欢。我的幸福就是能与你相依。我不断在记忆里重温你的爱抚、你的泪水、你深情的挂念。世上没有人能同你相比，你的魅力总会在我心中燃起熊熊烈火。我何时才能摆脱所有挂虑、所有恼人的担忧，和你共度生命中的每分每秒，向你证明，我只需要爱你，只需要想着向你诉说爱意时的幸福之感。

——〔法〕拿破仑·波拿巴

　　因为我这一次见了你，才体验到了情爱的本质，才晓得很热烈地想爱人的时候心境是如何紧张。我此后想遵守你所望于我的话，我此后想永远地将信留置在我的心灵上膜拜。我这一回只觉得对不起你，因为我一个人的热爱而致累及了你，使你也受了一个多月的苦。我对于自己所犯的这一点罪恶，认识得很清，所以今后我对于你的报答，也仍旧是和从前一样，你要我怎么样，我就可以怎样。

——郁达夫

第三章　爱的煎熬

我希望获得一切，而跟她分享一切；我情愿抛弃一切，如果她，唯一者，属于我。

——〔德〕约翰·沃尔夫冈·冯·歌德

衣带渐宽终不悔，为伊消得人憔悴。

——柳永

雨声潺潺，像住在溪边，宁愿天天下雨，以为你是因为下雨不来。

——张爱玲

我亲爱的莎拉——身体状况对思考能力的影响真是大得惊人。今天早上，我一直都在想晚上要给你写一封美妙而有趣的信。可是现在我非常疲乏，而且还有一大堆事要做，因此脑子有点晕晕乎乎，老是绕着你的倩影转，爱慕之情，不能自已。我有无数亲切而（请相信我）真挚的话要对你讲，都找不到适当的字眼。而且，当我苦苦思念你的时候，什么氯化物、试验、油台、钢、杂劣、水银以及许多其他业务上的设想，在我面前转来转去，把我赶得离题越来越远，脑子里乱成一团。

——〔英〕迈克尔·法拉第

我自从此番到上海之日起，每天总早眠早起。现在已经是10点10分了，我就想躺上你送给我的那个黄花枕头上去做好梦。也许在梦里能够和你相见。

——郁达夫

爱人，我不像热锅上的蚂蚁了，我像是泄了气的皮球！满腔欢喜准备回去与你相聚，突然知道又要延期，这打击实在太大，而且没有人同情！我越来越觉得只有你一个人是我的知音！任何其他的地方都不能给我温暖。爱，我现在只有忍耐，尽量利用空闲写一点东西，打发掉这难以忍耐的时光。希望你也善自珍摄，千万保重，一切谨慎小心，至要至要。我最不放心的是你一个人在家里，晚上有人陪不好，没人陪也不好，我挂念极了！爱人，邮差现在还没来，急于出去寄信，下午再写。

你的人　秋

——梁实秋

苦乐

最初，约着见一面就能使见面的前后几天都沾着光，变成好日子。渐渐地恨不能天天见面了；到后来，恨不能刻刻见面了。

——钱钟书

爱情是一个有绝大权威的君王，我们已经在他面前甘心臣服，他的惩罚使我甘之如饴，为他服役是世间最大的快乐。现在我除了关于恋爱方面的谈话以外，什么都不要听；单单提起爱情的名字，便可以代替了我的三餐一宿。

——〔英〕威廉·莎士比亚

我今天出去回来都没坐车，这东西是我省下来的车钱买的。当然我有钱买水果，可是省下钱来买，好像那才算得真正是我给你的。

——钱钟书

爱的痛苦要比其他一切欢乐都要甜美。

——〔英〕约翰·德莱顿

爱情是叹息吹起的一阵烟；恋人的眼中有它净化了的火星；恋人的眼泪是它激起的波涛。它又是最智慧的疯狂，哽喉的苦味，吃不到嘴的蜜糖。

——〔英〕威廉·莎士比亚

最大的欢乐给人以最大的不安，这就是爱的苦恼。

——〔英〕约翰·济慈

究竟爱情是痛苦，或痛苦是爱情，我不得而知。但是有一点我是知道的：如果痛苦就是爱情，那痛苦就是欢乐。

——〔英〕圣茨伯里

爱是一种甜蜜的痛苦。真诚的爱情永不是一条平坦的道路。

——〔英〕威廉·莎士比亚

爱情充满蜜汁和胆汁。它先让你尝点甜头，然后趁你还没过瘾就溢出苦涩的胆汁来。

——〔意大利〕普劳图斯

起先的冷淡，将会使以后的恋爱更加热烈。

——〔英〕威廉·莎士比亚

因彼此相爱而引起的痛苦，是任何快乐都比不上的。

——〔英〕普雷德

"爱"要永远有"忧愁"做随从；它要永远有"嫉妒"来把它服侍供奉。它虽以甜蜜始，却永远要以烦恼终。凡情之所钟，永远要贵贱参差，高下难同，因此，它的快乐永远要敌不过它的苦痛。

——〔英〕威廉·莎士比亚

只要男女真心相爱，即便终了不成眷属，也还是甜蜜的。

——〔英〕阿尔弗雷德·丁尼生

啊，爱情是什么？爱情是悦事，它使羊倌快活似国王，甚至比国王还快活，因为国王要为维护王位而烦恼，而烦恼会使最甜蜜的爱情皱眉蹙额。

——〔英格兰〕罗·格林

既然真心的恋人们永远要受磨折似乎已是一条命运的定律，那么让我们练习着忍耐吧；因为这种磨折，正和忆念、幻梦、叹息、希望和哭泣一样，都是可怜的爱情缺不了的随从者。

——〔英〕威廉·莎士比亚

甜蜜的爱情往往是命运嘴里的食物。

——〔英〕威廉·莎士比亚

你希望别人分担你的相思的痛苦，你这种恋爱太自私了。

——〔英〕威廉·莎士比亚

当你真爱一个人的时候，你是会忘记自己的苦乐得失，而只是关心对方的苦乐得失的。

——〔法〕罗曼·罗兰

被爱的对象既是病又是药，这种药使疾病缓解或加剧。

——〔法〕马赛尔·普鲁斯特

爱情中的欢乐和痛苦是交替出现的。

——〔英〕乔治·戈登·拜伦

如果从表面效果来判断爱情，与其说像友谊不如说像仇恨。

——〔法〕弗朗索瓦·德·拉罗什富科

爱情是个变幻莫测的家伙，它渴望得到一切，却几乎对一切都感到不满。

——〔瑞典〕玛德琳·特蕾泽·阿玛莉·约瑟芬

爱情是耗尽锐气的激情，爱情是置意志于一炬的火焰，爱情是把人骗入泥潭的诱饵，爱情将剧毒抹在命运之神的箭上。

——〔英〕梅斯菲尔德

爱情和怨恨往往是同时存在，形影不离的。有时爱得真挚，便恨得真切。

——〔阿拉伯〕穆尼尔·纳素夫

真正的爱情之路永不会是平坦的。

——〔英〕威廉·莎士比亚

恋爱使人坚强，同时也使人软弱。友情只使人坚强。

——〔法〕勃纳尔

一个恋爱着的人，可比魔鬼和天使更有力量，能够做到一切。

——〔德〕保尔·约翰·路德维希·冯·海塞

单恋即使能触发人的感情，也必然会给人带来严重的创伤，使人自卑和失望。

——〔保加利亚〕瓦西列夫

没有你的存在，我独自生活着——这是第一天。昨天我还在你的房子里，和你呼吸着同一种空气。我在你那儿所享受的美丽的夜晚就要从此中断了，真是我所难以想象的。我不能像今年夏天那样，抛开书本，停止晚间工作，和你共同生活，这也是出乎意料的。不，不，我不能并且也无法继续把你我远远分离的事再想下去。这里的一切对我来说都是生疏的，要想对事情发生兴趣，必须把注意力集中在事情上，可我的一颗心早挂在你的身上。在这儿我过着一种破碎的日子，我相信以前的交游习惯会恢复，但最令我愉快的还是回忆今年夏天那甜美的梦，以及筹划下次聚会的计划。恐怕我是这么回事：在这种感觉中时刻都夹杂着忧郁的心情；一个人如果不能适应现状去生活，那他是不可能得到快乐的。我曾努力去用诡辩的方式来解脱我们的别离之苦，但这无济于事。我觉得这是我生命中的一种损失。我千万次地祝你愉快，请接受我的全部心愿吧！

昨天我不断地回过头来，探望你，希望你的车子能赶上来——等我过了爱尔夫特之后，才知道你不可能跟来了，我的心是多么难过。我真想见到你的车子啊！

1788 年 11 月 14 日于魏玛

——〔德〕埃贡·席勒

第三章 爱的煎熬

我不爱你，一点儿也不；相反，我讨厌你——你是个淘气、腼腆、愚蠢的灰姑娘。你从来不给我写信，你不爱你的丈夫：你明知你的信能给他带来莫大的快乐；然而，你却连六行字都没给他写过，即使是心不在焉、潦潦草草地写的也好。

高贵的女士，你一天到晚干些什么呢？什么事这么重要，竟使你忙得没有时间给你忠诚的爱人写信呢？是什么样的感情窒息和排挤了你答应给他的爱情，你那温柔而忠诚的爱情呢？那位奇妙的人物，你那位新情人，究竟是个什么样的人物，竟能占去你的每一分钟，霸占你每天的光阴，不让你稍稍关心一下你的丈夫呢？约瑟芬，留神点，说不定哪个美丽的夜晚，我会破门而入。

我的爱人，得不到你的讯息，确实使我坐立不安。立刻给我写上四页信来，四页充满甜蜜话语的信，我将感到无限快慰。希望不久我将把你紧紧搂在怀中，吻你亿万次，像在赤道下面那样炽烈的吻。

——〔法兰西〕拿破仑·波拿巴

眼泪是爱情的香料，浸在眼泪中的爱情是最可爱的爱情。

——〔英〕沃尔特·司各特

疯狂

遇见你我会变得很低很低，一直低到尘埃里去。但我的心是欢喜的，在那里开出一朵花来。

——张爱玲

先生，穷人不需要太多来活命，他们只祈求富人餐桌上掉落的一点面包屑，但如果他们连这点面包屑都被拒绝给予，他们就会饿死。我渴望从我爱之人那里获得的感情也不过如此。一段完整而完满的友情会让我不知所措，我并不习惯于拥有它，但是，如果您对我能表现出哪怕一点点关爱，就像在布鲁塞尔我还是您的学生时那样，我就会紧紧抓住这一点点的关爱，我依附于此，就像我依附于生命。

——〔英〕夏洛蒂·勃朗特

我们这种多情种子都会做出一些古怪事儿来；但是我们既然都是凡人，一着了情魔是免不得要大发其痴劲的。

——〔英〕威廉·莎士比亚

如果可以，希望你留下，我离开。自私也好，任性也好，不过不想独自在这了。

——杨绛

自从昨天到现在，我所忍受的是什么，你简直想象不到。有人要逼迫我离开这儿！凭借着某种特别的友谊关系，我才被获准可以推迟到星期三再动身。确信自己必须离开这里，我已经沦入半疯狂的状态，一想到和你分离，几乎要使我去自尽。今天下午两点钟之前我竟无法前去看你，我的不幸真是达到极点了。天呀，我不能走！我希望至少要再见你一次，你身体好吗？

——〔法〕夏多勃里昂

我先前偶一想到爱，总立刻自己惭愧，怕不配，因而也不敢爱某一个人，但看清了他们的言行的内幕，便使我自信我绝不是必须自己贬抑到那样的人了，我可以爱。

我十三日所发的明信片既然已经收到，我唯有希望十四日所发的信也接着收到。我唯有以你现在一定已经收到了我的几封信的事，聊自慰籍而已。

听讲的学生倒多起来了，大概有许多是别科的。女生共五人。我决定目不斜视，而且将来永远如此，直到离开厦门。

——鲁迅

你千错万错，我仍然爱你。

——考柏

我把我整个的灵魂都给你，连同它的怪癖，耍小脾气，忽明忽暗，一千八百种坏毛病，它真讨厌，只有一点好，爱你。

——王小波

恋人和殉道者是一对同病相怜的兄弟！两者痛苦相似，知己如同知彼，可说是世上绝无仅有。

——〔法〕奥诺雷·德·巴尔扎克

恋爱的人去赴他情人的约会，像一个放学归来的儿童；可是当他和情人分别的时候，却像上学去一般满脸懊丧。

——〔英〕威廉·莎士比亚

爱情的烈焰，你越是把它遏制，它越是烧得厉害。

——〔英〕威廉·莎士比亚

爱情似火非火，似冰非冰；
爱情似得非得，似失非失；
爱情似病非病，似死非死；
爱情似虚非虚，似实非实；
爱情似狂非狂，似痴非痴；
爱情是一切，又什么都不是。

——〔美〕托·米德尔顿

对于爱情，年是什么？既是分钟，又是世纪。说它是分钟，是因为在爱情的甜蜜之中，它像闪电一般瞬息即逝；说它是世纪，是因为它在我们身上建筑生命之后的幸福的永生。当我们尘世的生活已经消逝，当我们处在神圣的光明之中，当我们灵魂结合在一起，亲密无间地生活，身边围着我们的所有天使时，我希望得到这种永远相爱的幸福。到那时，不美的东西，不光明的东西，将统统消失，留存下来的只有爱情。在此之前，亲爱的，我让自己置身于你的翅翼之下，我把你置于我们的天使的翅翼之下。让我们永远爱吧！一切都在爱中！

——〔法〕维克多·雨果

过于狂热的爱人对于婚姻期望太奢侈，以致往往失望。

——〔法〕安德烈·莫洛亚

爱情是魔鬼，是烈火，是天堂，是地狱；那里有欢乐，有痛苦，也有苦涩的忏悔。

——〔英〕巴恩菲尔德

爱情的三角绞刑台，专叫傻瓜送命。

——〔英〕威廉·莎士比亚

爱情是所有人类感情中最脆弱的一环。

——〔英〕弗朗西斯·培根

爱情在本质上既是最慷慨的，又是最自私的。

——〔德〕埃贡·席勒

我将给你写信！如果不给你写信，我又怎么办？我刚才把你今晚的信读了又读，吻了又吻。你的信叫我愉快，叫我发狂，但又将叫我明智。我必须把快乐和兴奋倾注在什么地方，因此，我立即给你写信，并把我满腹的话跟你说一点。倘若我今晚不给你写信，夜里会变成什么样子？朱丽叶特，我亲爱的，我双膝跪地，两手合十，流泪求你宽恕。我不好。我需要把嘴唇贴在你的脚上，你可怜可爱的身躯上。上帝做证，我从来没有像昨日那样爱你。朱丽叶特，我爱你。你的命运不是叫我生就是让我死。

——〔法〕维克多·雨果

春女思

你是一树一树的花开，是燕在梁间呢喃。你是爱，是暖，是希望，你是人间的四月天。

——林徽因

我认识了欢乐，也随来了悲哀，接受了你的热情，同时也随来了冷酷的秋风。

——石评梅

青年男子谁个不善钟情？妙龄女人谁个不善怀春？这是我们人性中的至善至神。

——〔德〕约翰·沃尔夫冈·冯·歌德

男思功名女盼爱。

——〔英〕阿尔弗雷德·丁尼生

忽见陌头杨柳色，悔教夫婿觅封侯。

——王昌龄

年轻女子的爱情像杰克的豆秆一样，长得飞快，一夜之间便可参天入云。

——〔英〕威廉·梅克比斯·萨克雷

女人的全部生命即是一部爱情史。

——〔美〕华盛顿·欧文

有一天，飞蛾与火焰嬉戏，女人的心就是火焰的猎物；据说，嬉戏的飞蛾是一位少女，火焰是负情郎的计谋。

——〔澳大利亚〕乔·塔格特

女人都清楚地知道，通常所说的崇高的、诗一般的爱情并不取决于德行，而是取决于频繁的幽会、头发梳理的样子以及衣服的颜色和款式。

——〔俄罗斯〕列夫·尼古拉耶维奇·托尔斯泰

姑娘们的灵魂的白洁是由冷静和轻松愉快构成的，像雪，它遇到爱情便融化，爱情是它的太阳。

——〔法〕维克多·雨果

在少女身上，恋爱本来就是自然法则在起作用，当钟爱的对象是一位出类拔萃的男人时，热情就会在少女的芳心泛滥。

——〔法〕奥诺雷·德·巴尔扎克

女人拒绝异性的追求，是先天性的特权，即使拒绝了一个最热烈的爱情，也不会认为残酷。但是，如果命运女神错乱了安排，让女人打破了羞怯的本性，不顾一切地向一个并无把握的异性献出她的热爱，而对方表示着冷淡和拒绝时，那结果就不堪设想了。男人拒绝女人的追求，等于损伤了她的最高贵的自尊。

——〔奥地利〕斯蒂芬·茨威格

第四章

缠绵悱恻

炽热

　　我没有别的办法，我就有爱；没有别的天才，就是爱；没有别的能耐，只是爱；没有别的动力，只是爱。我爱你，并且还要一直爱下去。

——徐志摩

　　不要指望我平静如常。我们不需要睿智通达。在路维西恩的日子就是一种婚姻似的生活——你无法辩驳。我离开的时候带走了部分的你；当我散步、游泳时，一如沉浸在血海之中，你那安达卢西亚的血统精粹、有毒。做的每件事、说的每句话、冒出的每个念头，都会让我联想到同居的日子。我看见的你是一家之主，一个大脸摩尔人、一个白人身体的黑人女人，我的双目黏着在你的肌肤上，你，女人、女人、女人。我无法预见远离你的生活——这样的空白犹如死亡。

　　……我把它称作狂野的梦——但我要梦想成真。生活和文学结合，爱上精力充沛的你，变色龙一样的你，能给我上千种的爱。我们在狂风暴雨中抛下锚，我们在哪里，家就在哪里。

最短的情话是你的名字

每日暖心情话

早晨醒来，从暂停的地方继续前行。生命枯荣，周而复始。你坚持自我，从欲望之中汲取丰富多彩的人生；你越是坚持，就越是想要我，需要我。你的嗓音愈发嘶哑、低沉，你的双眸愈发黑亮，你的血液越来越浓稠，你的胴体越来越丰盈。性感地顺从，暴君的要求。你比之前更加冷酷——别有用心的冷酷。过往的欢愉食髓知味。

——〔美〕亨利·米勒

阿姐：不许你再叫我先生，否则我要从字典中查出世界上最肉麻的称呼来称呼你。特此警告。

——朱生豪

你的十四行诗真可爱。真是个奇迹，你那玫瑰花瓣神奇的红唇生来就是为了热吻，却同样也为了吟唱热切的音乐。你娇弱而闪耀的灵魂游走在热情与诗歌之间。我知道，阿波罗热恋的情人雅辛托斯，就是你在希腊彼时的前世。

你为何孤身一人在伦敦，你何时前往索尔兹伯里？想去就去吧，哪怕哥特建筑那灰茫的暮色会使你双手冰凉。想回来时尽管回来。这儿到底仍是个可爱的地方，唯一的缺憾就是没有你在；但是，请先去索尔兹伯里。

永远不灭的爱意，你的奥斯卡。

——〔爱尔兰〕奥斯卡·王尔德

第四章 缠绵悱恻

我最亲爱的泰丽莎：

我在你的花园里读完了这本书：——我的爱人，你不在家，否则我是不可能把它读完的。这是你最喜欢的一本书，作者是我的朋友。你是看不懂这封英文信的，别人也不会懂——这正是我没有用意大利文写的原因。但是你会认识你那炽热的爱人的笔迹的，而且你会猜到，他在读一本属于你的书时，心中想的只能是爱情。

这个词在所有语言中都很美，但尤其是在你的语言中——Amormio；它包含着我现在和今后的生存的意义。我感觉到我现在生存着，同时也感觉到我今后还会生存下去，——为什么目的呢？这将由你来决定；我的命运维系在你身上，而你是个二九年华的女人，从修道院出来才两年。我真希望你如今还在修道院中，——或者至少，我能在你未嫁之时和你相逢。

然而这一切为时已晚。我爱你，你也爱我，——至少你是这样说的，而且从你的行动来看好像也是如此。这一点至少是一大安慰。可是，我对你的爱太深了，而且是永无休止。

万一阿尔卑斯山和大海把我们隔离开来，愿你时常想念我，——不过，我们永远不会分离的，除非你有这种意愿。

——〔英〕乔治·戈登·拜伦

爱情是一片炽热狂迷的痴心，一团无法扑灭的烈火，一种永不满足的欲望，一分如糖似蜜的喜悦，一阵如痴如醉的疯狂，一种没有安宁的劳苦和没有劳苦的安宁。

——〔美〕理查德·弗尼维尔

我们不断追求，盼望得到某种东西的时候，对这件东西就产生热情；当我们觉得没有这件东西就活不下去的时候，我们对这件东西就产生强烈的热情。伟大的热情能战胜一切。

——〔法〕司汤达

你不懂写信的艺术，像"请你莫怪我，我不肯嫁你"这种句子，怎么可以放在信的开头地方呢？你试想一想，要是我这信偶然被别人在旁边偷看见了，开头第一句便是这样的话，我要不要难为情？理该是放在中段才是。或者把下面"今天天气真好，春花又将悄悄地红起来"二句搬在头上做帽子，也很好。"今天天气真好，春花又将悄悄地红起来，我没有什么意见"这样的句法，一点意味都没有；但如果说"今天天气真好，春花又将悄悄地红起来，请你莫怪我，我不肯嫁你"，那就是绝妙好辞了。如果你缺少这种 poetical instinct，至少也得把称呼上的"朱先生"三字改作"好友"，或者肉麻一点就用"孩子"；你瞧"朱先生，请你莫怪我，我不肯嫁你"这样的话多么刺耳；"好友，请你莫怪我，我不肯嫁你"，就给人一个好像含有不得不苦衷的印象了，虽然本身的意义实无二致。问题并不在"朱先生"或"好友"的称呼上，而是"请你莫怪我……"十个字，根本可以表示无情的拒绝和委婉的推辞两种意味。你该多读读《左传》。

——朱生豪

热吻

一连串给我 20 个吻吧，而且要最甜的！最后还得外加一个。

——〔英〕罗比·福勒

亲爱的，这张纸写完了，只有印一个吻的地方了。不过关系不大，有一个吻的地方，我可以印上几百万个。我吻你的脚。我爱你。请怀着这种想法生活，并且爱我！愿上帝降福于你！

——〔法〕维克多·雨果

桌角上横放着你的来信。我的视线在不注意中又触到了它，心中竟也电掣似地激起一阵暖流。前天你的生日夜，我们才去走那长长的仁爱路，今天就接到你的信了。怎不叫我精神奕奕！读你的信是一种美，而"复习"你的信更是。我真忍不住要俯下头来，去亲吻每一个熟稔而隽秀的字迹，仿佛咀嚼你的微笑、品尝你的美德与智慧一样，那真是一种无法罄述的满足。

——李筱峰

把心给恋人，把唇给所爱的人，会让眼睛耀耀发光！那不是付出，而是得到呢！

——〔法〕罗曼·罗兰

睡吧，我的朱丽叶特。做梦吧，梦见我爱你，我伏在你脚边；梦见你属于我，我属于你；梦见我没你不能生活；梦见我想念你，给你写信。你一醒来，便会发现梦幻变成了现实。

吻你的小脚丫和大眼睛。

——〔法〕维克多·雨果

春风正高喊着，我轻吻你的脸颊。你的眼睛大而幸福地凝视着我。

——〔奥地利〕赖内·马利亚·里尔克

我要变成一股清风抚摸着你，我要变成水中涟漪，当你入浴时，把你吻了又吻。

——〔印度〕拉宾德拉纳特·泰戈尔

他们双唇相触，睫毛与睫毛轻轻地碰在一起，他们彼此相怜地微笑，深情地互视，他们从不厌倦这样的爱——最纯洁形态的神圣情感。

——〔法〕罗曼·罗兰

第四章　缠绵悱恻

我亲吻你可爱的嘴，我不希望它说忧伤话，每当它要说时，我就提醒你，我就用我的嘴，而不用指头掩住它，让它闭上。好好睡吧，我的天使。

——〔法〕维克多·雨果

凡是不能用接吻来博得女人的心的男子，也不会用殴打来博得女人的心。

——〔俄罗斯〕安东·巴甫洛维奇·契诃夫

四片甜蜜的唇瓣，两个纯洁的灵魂，一份不死的爱念——这便是一个吻的美丽元素。

——〔瑞士〕戴维·赫伯特·劳伦斯

吻是一个向嘴诉说代替了向耳朵倾吐的秘密。

——〔法〕爱弥尔·左拉

吻是心田的感情激荡在外形上的体现，蕴藏着无限深沉的爱。

——〔德〕海因里希·伯尔

当吻的烈火燃烧起来时，最值得记忆与珍视。

——〔美〕亨利·詹姆斯

我在床上给你写了这些话。亲爱的，爱我吧！不要惴惴不安，我吻你的秀眼，条件是它们不许哭。我热爱你。

——〔法〕维克多·雨果

不该吻而大胆去吻的人可被原谅，可以接吻而畏怯不敢吻者，不可饶恕。

——〔瑞士〕戴维·赫伯特·劳伦斯

噢，天啊，请告诉我，我亲爱的，你没有感觉到你原先所害怕的疼痛，是不是？你的病没有向坏的方向发展。你没有去看瓦尔，看来这是个失误。

我们对你的生命可不要掉以轻心，我的天使，你的生命对我是何等宝贵。我知道，你的生命已脱离危险。但是，这次严重的令人恐惧的病曾经使你的生命处于危险之中。如果我能时刻守在你身边，那会是另一种情况。可是我们两人不是在一块……啊，是的，我爱你，我爱你，我爱你，是的，我的爱已渗透在我的血液里。我从来没有这样强烈地疯狂地爱过。请放心，我爱你，我爱你，我只能爱你，在这个世界上我只爱你一个人。如果我能把你带走离开这个世界，我明天就干，我宁愿抛弃其他幸福和前程，因为我只希望你能得到幸福和前程。我爱你，噢！我的梅朗妮，我的头在发热，我现在几乎是疯狂超过了理智。我不能停止给你写信，可是我不能重复我已对你讲过的话，但我感到有必要把我已一千次重复过的"我爱你"的这个词写满几页。你现在感到甜蜜了——我多么高兴！你终于理解我了，你现在懂得什么是爱了，因为你已经懂得了什么是甜蜜。……唉！别的东西能和甜蜜相比吗？……梅朗妮，我的梅朗妮，我像发疯似的爱你，我爱你超过了爱我自己的生命，我懂得什么是死，可是我对你却无法无动于衷。你别相信你母亲的话，别相信你眼睛看见的和耳朵听见的。因为眼睛有时会看见假象，耳朵有时会听见噪音。让"我爱你"这句话永远响在你耳边。我责令你周围的每一件东西永无休止地向你重述这句话。千万次亲吻，吻在你唇上。我的亲吻燃烧起热情，和你周身相通，使你战栗。我的亲吻是永恒的幸福的化身……

再见，我的生命，我的爱！我真想写上一大本，但一个大邮包无疑将引起注意。

——〔法〕亚历山大·大仲马

拥抱

我渴望和你打架，也渴望抱抱你。

——朱生豪

两唇相印，双臂相抱，男人与女人才真正融入彼此的生命里。

——〔美〕亨利·詹姆斯

我们与他人结合，那是分裂自己，最亲密的拥抱即是最亲密的剥离。本质上，肉体爱的喜悦创生的痉挛，就是一种复活的感觉，一种在别人身上更新自己生命的感觉。

——〔西班牙〕乌纳穆诺

虽然我苦苦劝说高尔基，但未能把他劝走。

昨天和前天我同米嘉、阿尼亚来到歌尔克（米嘉在这里待4天）。菩提树已开花。我们休息得很好。

紧紧拥抱你吻你。希望你休息多一些，工作少一些。

——〔苏联〕弗拉基米尔·伊里奇·列宁

在接吻中，在拥抱中，在慕恋的话语中，她倾注了热恋的心情，而其语言的无比丰富往往叫我大为吃惊。

——〔美国〕马克·吐温

幸福的夜晚没有故事，爱的拥抱始于梦幻，不知何时苏醒……

——〔法〕罗曼·罗兰

爱情的快乐不能在激情的拥抱中告终。爱，必须有恒久不变的特质，要爱自己，也要爱对方。

——〔美〕卡尔·波普尔

我多想摆脱克拉科夫这单调乏味的生活的……不过，这都没关系，只要你能够坚强，能忍受一切就好了。每当我想到你，想到孩子的时候，不管怎么样，我都不止一次地感到异常的高兴……我的心里有个声音告诉我，我们的太阳还未升起。

紧紧地拥抱你。

——〔苏联〕费利克斯·埃德蒙多维奇·捷尔任斯基

我亲爱的人儿，我时时都在默默地与你交谈，而不靠这尺素鸿书。到那时我们的话会是滔滔不绝的！我亲爱的小娇，要挺住，要坚强。热烈地拥抱你，吻你。再见了！

——〔捷克〕尤利乌斯·伏契克

钟爱之情是一种诡秘的东西，是不能在夫妇的拥抱中生存的。

——〔美〕约瑟夫·布雷多克

好爱爱：

昨天晚上写了一封信，现在已经觉得又和你离别了不知多少时候了，又想写信。

亲爱爱，再过四天，我俩可以见面了。我是多么高兴！今天这里的天气非常好，青天白云，太阳光照耀着，冷风之中已经含着春意，在那里祝贺我俩的叙首呢。我数了一数，你写给我的中俄文信一总有三十封了！我读了又读，只是陶醉在你的爱之中，像醇酒一样的甜蜜，同时，在字里行间我追随着你的忧愁或高兴，我觉得到你的一切一切！好爱爱，我吻你。

我最近又常常想起注音字母，常常想起罗马字母的发明是很重要的，我想同你一起研究，你可以帮我做许多工作，这是很有趣味的事。将来许多人会跟着我们的发端，逐渐地改良，以至于可以通用到实际上去，使中国工农群众不要受汉字的苦。这或许要到五十年一百年之后，但发端是不能怕难的。好爱爱，我们每人必须找着一件有趣的大部分力量和生活放进去的事，生活就更好有意趣了！亲爱爱，好爱爱，我吻你，吻你。

——瞿秋白

我是非常喜欢秋天的。大自然的风光渐渐有些枯萎凋零，然而并不令人悲伤，几乎所有的树上都还披挂着叶子，只有叶片的深暗的颜色，预示着即将来临的变化。轻柔的薄雾，即使在最明亮的日光下已像一层充满魔力的薄纱笼罩着万物，令人神往。这里也有百灵鸟，它们在秋天的啼鸣使我想起你对日内瓦地区的描绘……为了证明我一直在想念着你，这里寄去我前天采摘的几片花瓣，同时今天就此搁笔，温柔地拥抱你。

——〔德〕布吕尔

　　我以无法言喻的愉快心情戴着您的戒指，而且只要我一想到我的亲爱的玛丽已经把它戴了十二年，它就会产生一种魔力，使我从心灵最深处激动起来。噢，我的美丽的、亲爱的玛丽，我是多么爱您，得到您的爱情，我又是多么幸福。这句话，在几个月前还不可能从我的嘴中说出来，那时只有我的目光怀着被拒绝的担心和惴惴不安表达了这一点。这个使我感到幸福的供认，终于越过我的双唇说出来了，而我还幸福地回忆起，这双唇在那次充满亲密爱情的接吻中曾同您的嘴唇接触过——自那次接吻后，我的生命之树的所有枝叶都重新变得如此翠绿！我是多么渴望再见到您一次，把您紧紧地拥抱在我的心上。但是，不，在作出某种伟大业绩之前，我不希望这样做。也许我会走运气，或者即使仅仅像一个普通士兵那样在战争中为拯救德意志而进行这一战斗，那我也会感到更充实、更心安理得和更配得上我那天仙般的玛丽的拥抱，那时在经历了这么久的分离之后，该是一种多么幸福的重逢啊！

——〔德〕克劳塞维茨

爱欲

爱是雨后的阳光，欲则是烈日后的阵雨。

——〔英〕威廉·莎士比亚

爱欲需要激情，激情则来自原始生命力。

——〔美〕罗洛·梅

再见的时候，我要用爱恋，拥吻，狂喜把你淹没。

我要以灵肉的欢愉使你餍足，直至昏昏欲死。

我要你为我颠倒神迷，心悦诚服，说你做梦也不曾想过会如此心醉……

即使你芳华已逝，我也要你忆起那短暂的欢爱时刻，

我要你的身躯即使枯萎，也会因这回味这快感而颤抖。

——〔法〕居斯塔夫·福楼拜

肉体给精神生活和爱情控制住的时候，苦痛就变成了幸福。

——〔美〕西奥多·德莱塞

第四章　缠绵悱恻

不，麦伦，我再次乞求你，请允许给你写信。你不能白跑一趟邮局，就算是你的小邮差——他是谁来着？——也不能白跑，甚至邮局的女管理员也不能白白让你询问一趟。

如果别无其他可能，那么也请将就一回，至少稍费些神给我一次机会。

昨晚我梦见了你。记不清细节，所知的只是你我融入彼此的身体。我是你，而你就是我。不知怎么，最终你燃烧了起来。

我记得有人用衣物扑火，我亦拿起一件旧大衣，用力扑打着你。

但梦境再次幻转，前景远去，而你也不知所踪。相反，着火的人成了我，扑火的人依旧是我。

然一切徒然，只让我越发恐惧，这些如何能扑灭烈火？

此刻，救火员抵达，你总算得救了。

可你似乎变了，飘虚有如幽魂，好似黑暗之上一抹粉笔的涂画，没有生气，好似一点都不为得救而感到欣喜，就这样跌入我的怀抱。

莫测的梦境如是再度闪入，仿佛跌入他人怀抱的是我。

——〔奥匈帝国〕弗兰兹·卡夫卡

过上等生活，付中等劳力，享下等情欲。

——李碧华

性爱是爱的最玄妙、最完善的形式。

——〔德〕路德维希·安德列斯·费尔巴哈

男女之间真正的爱情，不是单靠肉体或者精神所能实现的，只有在彼此的精神和肉体相互融合的状态中才能实现。

——〔韩〕朱耀燮

其实，性和美是一回事，就像火焰和火是一回事一样。如果你憎恨性，你就是憎恨美。

——〔瑞士〕戴维·赫伯特·劳伦斯

性和美是不可分割的，就像生命和意识那样。那些随性和美而来，从性和美之中升华的智慧就是直觉。

——〔瑞士〕戴维·赫伯特·劳伦斯

所有的东西只要能超越性，必能在其官能性的充实极限中，摇身一变成为精神性的东西。

——〔奥地利〕赖内·马利亚·里尔克

性所指向的最终目标是满足与松弛；而爱欲的目标则是欲求、渴望、永恒的拓展、寻找与扩张。

——〔美〕罗洛·梅

爱情是由衷而出的自然感情，结婚是一种决心，情欲则由婚姻或希望结婚的决心来引发。

——〔法〕西蒙娜·德·波伏娃

第四章　缠绵悱恻

两种爱——交流的甜美之爱和疯狂骄傲的肉欲满足之爱，合二为一，这是最理想的。

——〔瑞士〕戴维·赫伯特·劳伦斯

夫妻的爱，使人类繁衍；朋友的爱，给人以帮助。但那荒淫纵欲的爱，却只会使人堕落毁灭。

——〔英〕弗朗西斯·培根

理性是罗盘，而欲望是暴风骤雨。

——〔美〕卡尔·波普尔

除了在极其短暂的时刻，没有爱情的性行为根本不可能填补人与人之间的鸿沟。

——〔美〕艾瑞克·弗洛姆

爱欲是创建文明的动力。

——〔美〕罗洛·梅

我们文明的最大灾难就是对性的病态的憎恨。

——〔瑞士〕戴维·赫伯特·劳伦斯

性爱的发生，是男女以未来的第二代为主体，在肉体、智慧、道德方面取得互相弥补和适应，幸福的婚姻则更加上精神特性的调和。

——〔德〕阿图尔·叔本华

肉体之爱不需要尊重，互相尊重的爱情不能贬低为单纯的享乐。

——〔法〕罗曼·罗兰

一开始就给以全然的性解放，不会有结果。你不难明白，一旦情欲的满足太轻易，它便不会有什么价值而言。

——〔奥地利〕西格蒙德·弗洛伊德

一个男人如果深恋和尊敬某个女子，他将感到无法将她同性活动联系起来，他的爱情将会采取富有诗意和想象的形式。

——〔英〕罗素

男女之间完美的爱是自由而无畏的，是肉体和精神的平等结合，它不应当由于肉体的缘故而不能成为理想的，也不应当由于肉体会干扰理想而对肉体产生恐怖。

——〔英〕罗素

性欲的危险不在于性欲的本身，而在于它破坏的结果。

——〔法〕罗曼·罗兰

爱的真谛在于精神，而不在于肉欲。

——〔俄罗斯〕列夫·尼古拉耶维奇·托尔斯泰

纵欲就像服用了慢性毒药而造成的毫无痛苦的死亡。

——〔印度〕拉宾德拉纳特·泰戈尔

在结婚之前避免发生性关系，是爱情和婚姻中亲密奉献的最佳保证。

——〔奥地利〕阿尔弗雷德·阿德勒

认为性爱关系一旦出现差错就应该分道扬镳、各奔东西的思想，和认为性爱关系在任何情况下都不应该破裂的思想一样，都是错误的。

——〔美〕艾瑞克·弗洛姆

通常，有人将性生活和爱情混为一谈，这是轻率的看法，无非是在拥有丰富谎言桥梁的王国里又为自己建造了一座荒诞的桥而已。

——〔德〕格奥尔格·齐美尔

性欲具有选择的性质，但本身并不是爱侣精神结合和精神交往的目的。

——〔苏联〕瓦·阿·苏霍姆林斯基

性欲是一种来自后方的动力，爱欲则是一种来自前方的召唤。

——〔美〕罗洛·梅

"腰带的秘密"——之所以这么称呼，就是要人们在精神上不放纵，不断时时警惕。

——〔法〕罗曼·罗兰

第五章

　　爱的升华

美貌

人的一切——面貌、衣裳、心灵和思想都应该是美丽的。

——〔俄罗斯〕安东·巴甫洛维奇·契诃夫

亲爱的，让我们把思想转到无止无尽的爱情日日更新的境域。在流亡的黑夜，在年龄刚开始的阴影里，让我们看着心灵闪光，让我们感谢上帝。

不，不要抱怨。我们虽苦，但我们相爱。痛苦是命运，爱情是特权。作为人，我们忍受了命运，但作为天使，我们接受了特权。我们还能要求什么呢？祝你愉快。我很幸福。

让我们相爱吧。此外，还有天国在上哩。

——〔法〕维克多·雨果

美貌和魅力原是两种要命的东西，幸而不是所有的美女全都有魅力，往往是相貌平常的女人反而倒有一种妩媚动人之处。

——〔美国〕马克·吐温

青春短暂，美貌也同鲜花一样命薄，但爱情却如同珠宝，与世长存。

——〔美〕莫·奥尼尔

很少女人有足够的道德和思想让人忘记她们的美貌。

——〔法〕苏利·普吕多姆

美貌是一层面纱，它常常用来遮掩许多缺点。

——〔俄罗斯〕列夫·尼古拉耶维奇·托尔斯泰

美貌常常比酒更坏，因为它能使所有者和欣赏者双方沉醉。

——〔波兰〕克里斯蒂安·齐默尔曼

不要过分相信那张娇媚的面容；美是一种魅力，而魅力很快便会消失。

——〔罗马〕普布留斯·维吉留斯·马罗

第五章　爱的升华

心灵

建筑在美貌上的爱情定会如美貌一样很快地消失。

——〔英〕约翰·多恩

　　真正的爱情必定是在倾慕对方外表和心灵的基础上建立起来的，缺乏内涵的外表美是容易凋谢的花朵。

——〔法〕安德烈·莫洛亚

　　爱情必须是时时更新、生长、创造。

——鲁迅

　　爱情是生命的火花，友谊的升华，心灵的吻合。如果说人类的感情能区分等级，那么爱情该是属于最高的一级。

——〔英〕威廉·莎士比亚

　　美只愉悦眼睛，而气质的优雅使心灵入迷。

——〔法〕伏尔泰

唉，鸥姐，你须知道，我永远是单独的；我每觉这世上不是我栖息的地方，总愿飞到他处——不管何处，只须离了这世界。如今哟，也许以后我再不觉着生命如何无聊，也许不十分想飞离此世，那是谁的功劳呢？我说那并非你的力量，实在是上帝的力量，上帝的力量又在哪里？上帝的力量在我俩的内心的感应。说到这里，我入了神秘之境，希望你也进入神秘之境。

——李唯建

蒙着眼的爱神，却能准确地走进恋人的心灵。

——英国谚语

一切卑劣的弱点，在恋爱中都成为无足重轻，而变成美满和庄严。爱情是不用眼睛而用心灵看着的，因此生着翅膀的丘比特常被描成盲目；而且爱情的判断全然没有理性，光有翅膀，不生眼睛，一味表示出鲁莽的急躁，因此爱神便据说是一个孩儿，因为在选择方面他常会弄错。正如顽皮的孩子惯爱发假誓一样，司爱情的小儿也到处赌着口不应心的咒。

——〔英〕威廉·莎士比亚

友善的言行、得体的举止、优雅的风度，这些都是走进他人心灵的通行证。

——〔英〕塞缪尔·斯迈尔斯

一个人自己的心灵，还有他的朋友们的感情——这是生活中最有魅力的东西。

——〔爱尔兰〕奥斯卡·王尔德

男人总在寻找一个能替代其母亲形象的女人，因为这个形象是从他最稚嫩的年代开始，早已统治了人的心灵。

——〔奥地利〕西格蒙德·弗洛伊德

我怀疑做人——尤其怀疑做幸福的人：什么夫荣妻贵？子孙满堂？他们的灵魂便被这一切的幸福遮蔽了，哪里有光芒？哪里有智慧？到世界上走一趟，结果没有懂得世界是什么样？自己是什么东西？啊，那不是太滑稽得可怜了吗？异云，我真不愿意是这一类的人！在我生活的前半段几乎已经陷到这种可悲的深渊里了，幸亏坎坷的命运将我救起，我现在既然已经认识我自己了，我又哪敢不把自己捉住，让他悄悄地溜了呢？

世俗上的人都以为我是为了坎坷的命运而悲叹而流泪，哪里晓得我仅仅是为了自己的孤独——灵魂的孤独而太息而伤心呢？

——黄庐隐

我恳求你将作家之我与常人之我彻底分开，并相信我真挚的感情。这是我忍不住给你写信时隐约表达出的感情。如果你宽容善良，能够原谅一个年轻人唐突、天真而愚蠢的幻想，我会坦诚地告诉你，你是我最甜蜜的梦。你是这世界上所剩无几、命运坎坷、四处飘零、难以寻觅的人物之一。我很高兴的是，你能成为我生命的一部分。或许你是从天国流放下来的……诗歌、音乐和宗教是这些人的三位神灵和最强烈的感情支撑，每一位神灵都能在我心中引发同样有力的反应。我把这些思想全部赋予你，并从遥远的地方向你伸出友爱之手，没有纨绔子弟的习气，没有愚昧的伤感，只有发自内心的自信与真诚。你只要凝视一下我的脸，也许就会发现那情人的感激和心灵的虔诚——那是连接儿子与母亲、兄弟与姐妹的真情，那是青年男子对女性的全部尊敬，那是对深挚友情的美好期待。

——〔法〕奥诺雷·德·巴尔扎克

虹：……你偏偏爱我，我偏偏爱你——这是冤家，这是"幸福"。唉！我恨不能插翅飞回吻……

爱恋未必要计较什么幸福不幸福。爱恋生成是先天的……单只为那"一把辛酸泪"，那"暗暗奇气来袭我的心"的意味也就应当爱了——这是人间何等高尚的感觉！我现在或者可以算是半"个"人了。

梦可！梦可！我叫你，你听不见，只能多画几个"！！！！！"

秋白 一月十二日

——瞿秋白

升华

我们何苦要扼杀爱情，这性灵中的上品？

它辅佐英雄成事，使抱负升华，鼓舞不朽的业绩，甚至还能软化残忍的人，给美德增光添辉。

——〔英〕詹·汤姆逊

若逢新雪初霁，满月当空，下面平铺着皓影，上面流转着亮银，而你带笑地向我步来，月色与雪色之间，你是第三种绝色。

——余光中

爱情是一根魔杖，能把最无聊的生活也点化成黄金。

——〔瑞士〕戴维·赫伯特·劳伦斯

爱情是人生的盐，借助于它，人们才体味得出人世间的情趣。

——〔美〕华盛顿·欧文

爱情需要合理的内容，正像熊熊烈火要油来维持一样；爱情是两个相似的天性在无限感觉中的和谐的交融。

——〔俄罗斯〕维萨里昂·格里戈里耶维奇·别林斯基

何谓爱情？何谓友情？是一些实在的东西吗？是球、苹果、玩偶……是从一个人那儿拿来，又给予另一个人的实物吗？是不能深化、不能交流的吗？Kaimes 勋爵给爱情下的定义是：爱情是一般激情的特殊体现，但这是肉欲之爱、情欲之爱……是荒谬绝伦的逢场作戏，是寻欢作乐的爱，不是幸福的爱。

但我们崇拜的爱，象征美德、天意和无私，一句话，真情……它能被感知，就像远方山头上的云朵一样。它追求大家的幸福……首先是对方的幸福，不是因为对方给予欢乐，不光它甚至能给予欢乐，更因为它真的值得，它有力量，有感知力，并能将自己抽离，因为美德的可爱而热爱美德……

——〔英〕珀西·比希·雪莱

恋爱是人的第二生命。

——〔德〕约翰·沃尔夫冈·冯·歌德

没有一场深刻的恋爱，人生等于虚度。

——〔法〕罗曼·罗兰

恋爱是一种生命力，人受了生命力的驱使而发扬恋爱的本能。

——〔爱尔兰〕萧伯纳

绿叶恋爱时便成了花，花崇拜时便成了果实。

——〔印度〕拉宾德拉纳特·泰戈尔

爱本身就是一块领地。它有自己的绿荫、小道和房屋，甚至有自己的太阳、月亮和星辰。

——〔美〕华盛顿·欧文

爱情本身就是生命，它不会死亡，只会迁徙。

——〔西班牙〕巴尔德斯

爱情像大海，粗浅的人说它是单调的，而高尚的人却可以从中寻到丰富多彩的生活情趣。

——〔法〕奥诺雷·德·巴尔扎克

爱情会给忧伤的眼睛里注入生命，使苍白的面孔泛起玫瑰色的红润。

——〔法〕奥诺雷·德·巴尔扎克

爱情是人类所有感情中最复杂微妙而强烈的一种。

——〔美〕巴伦

关于爱情，人们有许多定义：爱情是生活中的诗歌和太阳。
——〔俄罗斯〕维萨里昂·格里戈里耶维奇·别林斯基

最
短
的
情
话
是
你
的
名
字

每
日
暖
心
情
话

纯洁的爱情是人生中的一种积极的因素、幸福的源泉。

——〔意大利〕乔万尼·薄伽丘

爱情激荡着活跃的情绪，它可以使死亡的心复活，它可以使沙漠里有人居住，它可以使爱人的幻影重新显现。

——〔法〕亚历山大·大仲马

还有什么比两性相爱更美丽的？

——〔法〕格兰维尔

爱情在一切感情中最可怕，同时也最慷慨。它是唯一的一种在其自身的梦幻中含有另外一个人的幸福的情感。

——〔美〕约翰·迪克森·卡尔

爱情是一盏可以变换光度的灯。

——〔法〕罗曼·罗兰

那种用美好的感情和思想使我们升华并赋予我们力量的爱情，才算是一种高尚的热情。

——〔法〕乔治·桑

有的爱情是奔跑的，有的爱情是踱步的；有的冷静，有的热烈。

——〔西班牙〕塞万提斯·萨维德拉

爱情是一本永恒的书，有人只是信手拈来，浏览过几个片段；有人却流连忘返，为它洒下热泪斑斑。

——〔苏联〕施企巴乔夫

人人都有享受人生幸福的权利，而获得爱情是人生的一种幸福。

——〔法〕司汤达

爱情对于人的一生来说，应当永远是最欢乐、最隐秘和最不受侵犯的。

——〔苏联〕瓦·阿·苏霍姆林斯基

我唯一的冷鸥，我永久的人啊！

薄暮归途，一望四周苍茫，那孤寂冷静的月儿渐渐从东方爬起，挣扎了许久才慢慢爬起来，正似一个受创伤的灵魂自嵯崖间逃出得着了自由，悠游于澄清的太空中·—我的冷鸥，你说那是谁？

每次分别，明知是很暂时的分别，然而总觉无名的压抑难受，想你也是如此；因为这一点，我曾怨恨过人生如何无味，因为这一点，我曾心中流泪——泪，心泪。

而今我不能更大程度地明白我们是如何的不可分离，我们的结合正与生死之不可分是一样。啊，你时常——自然现在不这样了——疑惑我是一朵行云，是一阵飘风，不能永住你心里的宫殿，那时你是怎样傻啊！

毕竟，我自你的神情中窥出你的自招，你十二万分真诚地承认了我是你的，已是你的。

我希望我们此后有更美丽丰富的生活：一方面我们紧抓着人生的真谛，努力吸收外界的种种；另一方面尽量地从事于创作文艺，把我们曾经在世上所抓着的东西全表现在文艺里。我告诉你，吾爱，不管你是乐观或悲观。你总不能反对"爱"——阿图尔·叔本华不能，哈代也不能。我愿你能沉醉在美甜的梦里——说梦，并非确是一种空虚，乃是一种神妙境地。

冷鸥，我的冷鸥，我在他人面前非常忍耐冷静，在你美丽的影中我便不能；我那热烈流动不安定的心便全盘露出了，所以你无意间给我一句不难受的话，或是我一种不安适的面貌，我更觉得比全世界的压迫还难受多了。我的人儿，请别以为我对你特别刻薄严厉，你当了解我的心态。

我无时不在想你，我祈求上苍使我每晚能梦见你！

现在我爱护你，甚至于怕你受了微风的压迫。祝你高兴！

——黄庐隐、李唯建

恩来所需要的是能一辈子从事革命工作，能经受得住革命的艰难险阻和惊涛骇浪的伴侣。……这使我们的感情不只是个人的相爱，而是上升到为革命、为理想共同奋斗，这是我们能够相爱的最可靠的基础；而且，我们一直是坚持把革命的利益、国家的利益、党的利益放在第一位，而把个人的事情、个人的利益放在第二位……把我们的相爱溶化在人民中间，溶化在同志之间，溶化在朋友之间，溶化在青年儿童一代。

——邓颖超

勇气

我的勇气和你的勇气加起来，对付这个世界足够了吧！

——王小波

爱情是一朵开在悬崖绝壁上的芬芳的花，摘取它必须有足够的勇气。

——〔法〕司汤达

水会流失，火会熄灭，而爱情却能和命运抗衡。

——〔英〕纳撒尼尔·李

你只要几个字便能将我的已灰的意志唤醒来，你的一句话便给我无量的勇气和寂寞的生活去奋斗了。

——丁玲

当我跨过沉沦的一切，向着永恒开战的时候，你是我的军旗。

——王小波

一遇爱情的火焰，畏怯的冰霜就消融。

——〔英〕威廉·莎士比亚

爱情中蕴藏着一股力量，它能比其他东西更能占卜意中人的成功，并用神奇的功力催其奋进。

——〔美〕拉尔夫·沃尔多·爱默生

爱情可以刺激懦夫，使他鼓起本来所没有的勇气。

——〔英〕威廉·莎士比亚

爱情和愿望，是造就伟大事业的双翼。

——〔德〕约翰·沃尔夫冈·冯·歌德

是爱情使我变得勇敢、坚定，能在没有路的地方找出路来的爱神，是诸神中最不可战胜的。

——〔希腊〕欧里庇得斯

爱情不会因为理智而变得淡漠，也不会因为雄心壮志而丧失殆尽。它是第二生命，它渗入灵魂，温暖着每一条血管，跳动在每一次脉搏之中。

——〔美〕托马斯·艾迪生

爱能化阻力为助力。

——〔美〕奥格·曼狄诺

爱本质上应是一种意志行为，用自己的生命完全承诺另一个生命的决心。

——〔美〕艾瑞克·弗洛姆

爱，可以创造奇迹。

——〔英〕威廉·莎士比亚

爱叫懦夫变得大胆，却叫勇士变成懦夫。

——〔英〕威廉·莎士比亚

爱情，只有爱情，可以使人敢于为所爱的人献出生命；这一点，不但男人能做到，而且女人也能做到。

——〔古希腊〕柏拉图

真正的爱情能够鼓舞人，唤醒他内心沉睡的力量和潜藏的才能。

——〔意大利〕乔万尼·薄伽丘

伟大的爱情能使最平庸的人变得敏锐，勇于献身，充满信心。

——〔法〕安德烈·莫洛亚

爱情，它会随着全身的血液，像思想一般迅速通过了五官四肢，使每一个器官发挥双倍的效能：它使眼睛增加一重明亮，恋人眼中的光芒可以使猛鹰眩目；恋人的耳朵听得出最微细的声音，任何鬼祟的奸谋都逃不过他的知觉；恋人的感觉比戴壳蜗牛的触角还要微妙灵敏；恋人的舌头使善于辨味的巴邱斯（希腊酒神）显得迟钝。

——〔英〕威廉·莎士比亚

这真是一个便于游玩的日子，舒金、德拉尔和我开始在埃兴多尔夫一带旅游。这时恰好有8个善于歌舞的土著人由此经过，还有一些哈慈曼人也从哥斯达赶到这里。我让他们进来，给他们以酒食，令他们站在花园中歌舞，我们3个懒汉躺在草地上，细心领略那急促的旋律和高亢的号角、激昂的音乐和粗犷的舞姿，深深地印入我们的脑海之中。我又让他们演奏韦伯的《新近的伤感》《马赛曲》等，以及这些黑衣游荡者所能演奏的歌曲。我真快乐、很快乐，至今仍是如此——音乐滞留在我的心头，十分甜蜜而又庄严。这是一个值得称赞的集团：那8个身着黑衣的土著人带着号角、长笛和喇叭，我们3个诗人却穿着破旧的睡衣，躺在地上，手中拿着烟斗和雪茄，另一些衣衫褴褛的人围着我们跑来跑去——场子中间放着一把摇荡不定的椅子，仍照最庄严的惯例，瓶和玻璃杯子都放在上面——这真令人心旷神怡……此刻我只能将这种小小的欢乐告诉你。当下次在克利达或你附近的其他地方再遇到类似的歌舞团体，我将把他们带到你的窗户下面，——你这善做甜蜜的幻想的孩子，我要让他们用温和而优美的乐曲催促你快乐地睡去——我的心肝，伊达，祝你早安！

我和舒金做伴去登山，刚刚回来不久。我们步行经过龙多夫，从路的终点爬到那条陡峭的山路。那路和石头都曾使你吃过苦，当我在路上和岩石上经过时，只是思念着你，因为这些地方有你的足迹，并且大部分路上都有我们两个人的足迹，现在它们对于我来说是何等宝贵，何等值得留恋啊！德罗山峰、克尼斯威滋山、诺南威斯岭、罗兰坡，以致从麦伦到阿克尔斯顿的全部沿山险路，这些都是你亲口告诉我的，你从这里的每一块山石、每一条小路、每一个地方都高贵起来，你成了这山中的仙子，凡是我所行走或站立的地方，都能看到你的倩影！我常常一个人静悄悄地独坐在附近的阳台上思念着你，常常徘徊在你6月18日和我握手的第一排装有彩色玻璃的房子中，不停地思念着你！

人世间有一种传说，那就是：一个人可以凭借连续不断的思念和持久不变的渴望，让远方的恋人的心灵越过崇山峻岭，渡过大海重洋而来相聚！我的思念是那样恳切、那样热烈，如果上述传说果然属真，那么你早就应该出现在我的面前了！你不会马上就来到我这青灯荧然的房子中吧？我的甜蜜的天使，温柔的孩子，祝你晚安！我的心灵当看护着你的床铺，祝你安然入梦吧……

——〔俄罗斯〕伏莱格拉斯

评梅：

你中秋前一日的信，我于上船前一日接到。此信你说可以做我唯一知己的朋友。前于此的一信又说我们可以做以事业度过这一生的同志。你只会答复人家不需要的答复，你只会与大家订不需要的约束。

你明白地告诉我之后，我并不感到我消息的突兀，我只觉得心中万分凄怆！我一边难过的是：世上只有吮血的人们是反对我们的，何以我唯一敬爱的人也不能同情于我们？我一边又替我自己难过，我已将一个心整个交给伊，何以事业上又不能使伊顺意？我是有两个世界的：一个世界一切都是属于你的，我是连灵魂都永禁的俘虏；在另一个世界里，我是不属于你，更不属于我自己，我只是历史使命的走卒。假使我要为自己打算，我可以去做禄蠹了，你不是也不希望我这样做吗？你不满意于我的事业，但却万分恳切地劝勉我努力此种事业，让我再不忆起你让步于吮血世界的结论，只悠悠地钦佩你牺牲自己而鼓励别人的侠义精神！

我何尝不知道：你是南北飘零，生活在风波之中，我何忍使你同入此不安之状态，所以我决定：你的所愿，我将赴汤蹈火以求之；你的所不愿，我将赴汤蹈火以阻之。不能这样，我怎能说是爱你！从此我决心为我的事业奋斗，就这样飘零孤独度此一生，人生数十寒暑，死期忽忽即至，奚必坚执情感以为是。你不要以为对不起我，更不要为我伤心。

这些你都不要奇怪，我们是希望海上没有浪的，它应平静如镜，可是我们又怎能使海上无浪？从此我已是傀儡生命了，为了你死，亦可以为了你生，你不能为了这样可傲慢一切的情形而愉快吗？我希望你从此愉快，但凡你能愉快，这世上是没有什么可使我悲哀了！

双十节商团袭击，我手曾受微伤。不知是幸呢还是不幸，流弹洞穿了汽车的玻璃，而我能坐在车里不死！这里我还留着几块玻璃，见你时赠你做个纪念。昨天，我忽然很早起来跑到店里购了两个象牙戒指。一个大点的我自己戴在手上，一个小的我寄给你，愿你承受了它。或许你不忍吧！再令它如红叶一样的命运。愿我们用"白"来纪念这枯骨般死静的生命。

写到这里，我望望海水，海水是那样平静。好吧，我们互相遵守这些，去建筑一个富丽辉煌的生命，不理他生也好，死也好。

——高君宇

第六章

爱的考验

从今以后，咱们只有死别，不再生离。

——钱钟书

映霞，我希望你能够信赖我，能够把我当作一个世界上的伟大的人看。更希望你能够安于孤独，把中国的旧习惯打破，所谓旧习惯者，依我看来，就是无谓的虚荣。我们只要有坚强的爱，就是举世都在哂笑，也可以不去顾忌。我们应该生在爱的中间，死在爱的心里，此外什么都可以不去顾到。

映霞，我只怕你的心要动摇，要看了那些世俗的礼节虚荣而动摇，所以在这里我诚诚恳恳的求你，求你信赖我到死，把我当作世界上最伟大的人看，比一切礼教、虚荣、金钱、名誉，都要伟大。因为我对于你所抱的真诚之心，是超越一切的。

——郁达夫

我欲与君相知，长命无绝衰。

——乐府古辞

在天愿作比翼鸟，在地愿为连理枝。

———唐·白居易

得成比目何辞死，愿作鸳鸯不羡仙。

———唐·卢照邻

问世间，情为何物？直教生死相许。

———金·元好问

誓言是约束不了情人的。

———〔古希腊〕索福克勒斯

人家说恋人们发誓要做的事情，总是超过他们的能力，可是他们却保留着一种永不实行的能力；他们发誓做十件以上的事，实际做到的还不满一件事的十分之一。

———〔英〕威廉·莎士比亚

誓言！谁会将情人的誓言当真？它们是权宜之计，并不一定要遵守，即使违背了也不会受到惩处。

———〔英〕贝恩

女人不可听信男人的誓言，男人的话有多少是可信的，只有老天知道。当他们想要一样东西，并急着得到它时，他们是什么誓都会发，什么诺都会许的；然而一旦贪婪的欲望得到了满足，他们就会将自己说过的话抛于脑后，把自己发过的誓忘得干干净净。

　　　　　　　　　　　　　　——〔意大利〕卡图卢斯

女人对其情人说的话，是过耳的风，流逝的水。

　　　　　　　　　　　　　　——〔意大利〕卡图卢斯

人家说，对于恋人们的寒盟背信，天神是一笑置之的。

　　　　　　　　　　　　　　——〔英〕威廉·莎士比亚

情人们发的誓，是和堂倌嘴里的话一样靠不住的，他们都是惯报虚账的家伙。

　　　　　　　　　　　　　　——〔英〕威廉·莎士比亚

这是一句经久不变的至言："女人哪，你们的誓言是写在沙子里的。"

　　　　　　　　　　　　　　——〔英〕乔治·戈登·拜伦

谎言

情人的泪水中漂着地狱。

——〔美〕多·罗·帕克

她欺骗我，我相信她。
情人除此还能得到什么？

——〔法〕塞德利

决不要相信一个向你透露其真实年龄的女人，因为对自己年龄不加隐瞒的女人是什么话都说得出来的。

——〔爱尔兰〕奥斯卡·王尔德

偷情对男人来说是快活的，对女人来说亦复如此。只是男人掩饰得很笨拙，女人隐藏得很机灵罢了。

——〔古罗马〕奥维德

第六章 爱的考验

偷情是不会有好结果的，它纯粹是个祸因。

——〔意大利〕普劳图斯

滚石沾不上苔藓，水性得不到爱情。

——〔英格兰〕安·詹姆森

　　我的亲爱的伊丽：我真切地感到，人世间的纯洁的忠实的爱情和道德宗教信仰中纯洁的忠实的原则恰恰一样。我希望这句话将表明我给你的所有信中的那种非常的方式都是无可非议的。所谓非常的，指的是这些书信写得很仓促。老实说，我时常担心你把我当作一个虔诚的教徒，和爱人谈情就像说教者在讲话那样。不知是怎么回事，只觉得人世间虽然没有一桩事能使我得到像写信给你时这样的快乐，然而这种信也没有使我高兴得忘乎所以；这种状态是恋人们中间常有的事。

　　我常常想：一种根深蒂固的爱情如果不是一种道德，那么这种爱情至少也和道德非常接近。每一想到我的伊丽，我的心中便热烈如火，而我身上的一切人的感觉，以及每一种豪爽的元素都欢欣鼓舞起来。每一种怨恨、妒嫉等不纯洁的因素都因此消失了，否则便会由这种因素而坐卧不安。

　　因有了你的爱，我常常张开一视同仁的两臂去欢迎每一个人，对于幸运者我与之同乐；对于不幸者则与之同悲。我的爱人，我时常以感激的眼光望着命运的主宰，我希望它将给我幸福，恰如它将你许配给我一样，我真诚地盼望他允许我达到自己的志愿——使你的生活安宁、快乐。龌龊的卑劣汉可以对一个讨厌的女子指天誓日地表示他的爱情，然而实际上他的同情专注于这个女子的钱袋上；奴隶似的挑夫需要一个妻子，他可以跑到市场上去选择一个强壮忠厚的，恰像我们指一匹老马所说的那样：这个，驯练得适宜。我鄙视他们这种龌龊的行为。

女性生来就是人类享乐的重要组成部分，当我对女性只具有这么一种糟糕的观念时，便忿怒地责难我自己。可怜的恶魔呀！在这种观念上，我不羡慕你们的命运！

对于我来说，在亲爱的女伴参加集会的时刻，我可以在她的愉快中得到完全不同的另一种欢乐。

——〔英〕罗伯特·彭斯

第六章 爱的考验

表白

    侠生！你以为我是个很能干的小孩子！她们都笑我是一个小孩子式的学监，整天和她们唱呀！跳呀！笑呀！上礼拜她们惹我气了，我立刻要收拾行李回家。她们拼命地挽留，所以我也没走成！我的母亲和介石姊时常说我这样孩子气怎么能教书呢？我亲爱的侠生，你也笑我吗？

    我的母亲是爱我的一个人！侠生，你现在也成了世界上最爱我的一个人了！哈哈，我是何等幸福，何等的快活！我的侠生，你能终身的爱护我吗？啊！你和母亲都是宇宙间最爱护我的人吗？

——蒋光慈

    亲爱的小姐，我很愿意使你成为我晚年的安慰，你是我在人世间长期盼望而难以得到、此刻才发现的一个人，我很愿意做你精神上、心灵上、意识上唯一的男子，并且是在世上拥有最大幸福的男子。然而，在某种热忱引导我们作出迈入重要的步骤以前，我的责任心逼迫着我首先提醒你，借着我的忠实表白，你自己也应严格地考查一下你的一切倾向和要求，否则过早地迈出重要的一步会使我们都陷入不幸的。因此，我愿意将我个人的和外部的一些事情都说出来，让你认识我比让我认识自己还要重要些。

——〔德〕戈特弗里特·奥古斯特·毕尔格

亲爱的朋友：请原谅我，任您笑我痴迷吧。然而，我还是不能邀请您这位贵妇到我家来，理由如下：我同您的关系只能保持现在这样。它对我来说是最大的幸福，同时又是我事业顺遂的必不可缺的条件。我并不希望它有丝毫的改变，再说，我已习惯于把您作为我未曾见面的保佑者对待了。在我们的友谊中，无限美妙之处恰恰在于，我同您并不相识（用于这个词的寻常意义）。这种不相识的词义应予扩展，使我依然能做您一位挚友。我爱着这位贵妇，不过愿这种爱同以往那样守度。一旦她来到我的面前，那令人销魂的魔力即化为乌有。

——〔俄罗斯〕彼得·伊里奇·柴可夫斯基

六小姐：

自识兰仪心已默契，故每瞻玉度则愉慰之情甚于饥疗渴止，但以城郊路遥，不便时趋妆次表示眷慕和衷，因是萦回于苦思甜梦间未能解脱丝毫。既案上宝书亦为君掩尽矣，本月二十六日少得一日之暇，如君不计其唐突，敢于上午十一时趋府侍君与令七妹先至公园一游，然后往观幕剧。

此敬约 / 万祈赐诺 / 顺颂学安

七小姐乞为叱名问候

许赞

十二月十九日

——许地山

我已经沦为了一个没有弗吉尼亚不行的家伙。在整夜噩梦无法入眠的时候，我花了几个小时，在心里给你写了封很美的信，现在却一个字也记不得了：我真的想你，以一种近乎绝望的方式想念你。你写起信来文采斐然，笔下永远不会出现这么初级的语句；也许你连这种感觉也不会有。不过我相信，你我之间的小裂痕，你是能意识到的。可你会将其包裹在华美的辞藻之下，让它失去一小部分的真实感。对我而言，事情明白无误：我对你的思念比预想中的还要强烈；而我本就知道自己会非常想你。

所以这封信其实是痛苦的哀诉。如今的你对我有多重要，说来也许难以置信。兴许你习惯了人们说这种话。去你的，你这被宠坏的小东西；我再也不想靠自剖心迹来博取你的爱——可亲爱的，在你面前，我没法耍小聪明，也装不来冷漠：我太爱你了，没法那样做。爱得太真。你根本不知道我对自己不爱的人，能冷漠到什么地步。我已练就了精深的"冷漠之道"，你却摧毁了我的防御工事，但我并不为此心怀怨怼。

——〔英〕薇塔·萨克维尔·韦斯特

现实

爱情胜过巨富。

——〔爱尔兰〕利德盖特

易求无价宝，难得有情郎。

——唐·鱼玄机

哪个女子不想钱？哪只猫儿不爱鱼？

——〔美〕葛雷

再小的茅屋，也容得下彼此恩爱的一对。

——〔德〕埃贡·席勒

对爱情来说，严峻的生活考验以及对初恋的生动回忆，都是同样不可缺少的。前者把人联系在一起，后者令人永葆青春。

——〔俄罗斯〕亚历山大·亚历山德罗维奇·法捷耶夫

第六章　爱的考验

谁的爱情宫殿是用美德奠基，用财富筑墙，用美丽发光，用荣耀铺顶，谁就是最幸福的人。

——〔美〕弗·考尔斯

我们相依为命，卿卿我我，一同度过那凄凉的春秋；彼此的欢乐我们分享，哀伤的眼泪我们共流。

——〔英〕查·杰弟里斯

爱情能驱走寒冷，胜过一件外衣。爱情可以当饭充饥，可以当衣御寒。

——〔美〕亨利·沃兹沃斯·朗费罗

有情饮水饱，无情金屋寒。

——中国谚语

爱情不是花荫下的甜言，不是桃花源中的蜜语，不是轻绵的眼泪，更不是死硬的强迫，爱情是建立在共同的基础上的。

——〔英〕威廉·莎士比亚

幸运是爱情的维系；爱情的鲜艳的容色和热烈的心，也会因困苦而起了变化。

——〔英〕威廉·莎士比亚

当贫穷从门外进来，爱情便从窗口溜走。

——〔英〕托·富勒

只为财富而结婚的人就是出卖自由。

——〔英〕托·富勒

爱情不仅不能买卖，而且金钱是必然会枪杀爱情的。

——〔法〕让－雅克·卢梭

饥饿的时候，没有人会想到要亲吻。

——〔德〕迪克斯

不懂爱情就不懂生活。

——〔美〕盖伊

爱情里面要是掺杂了和它本身无关的算计，那就不是真的爱情。

——〔英〕威廉·莎士比亚

恋爱总是比婚姻更令人愉快，恰似小说总比历史更令人愉快。

——〔法〕尚福尔

只为金钱而结婚的人其恶无比，只为恋爱而结婚的人其愚无比。

——〔加拿大〕约翰生

任何身无分文的女人在婚姻上都是冒险家。

——〔爱尔兰〕萧伯纳

言情小说为求爱的男女描绘了一幅画图，却为已婚的夫妻镌刻了一尊半身雕塑。这是因为，婚后的情话没有人爱读。

——〔英〕乔治·戈登·拜伦

第七章

心心相印

表白

愿得一心人，白头不相离。

——乐府古辞

身无彩凤双飞翼，心有灵犀一点通。

——唐·李商隐

去爱就是用心去鉴识。

——〔法〕布莱恩·茹贝尔

何为爱情？一个身子两颗心；何为友谊？两个身子一颗心。

——〔英〕约瑟夫·鲁德亚德·吉卜林

婚配是两个相爱的强者同舟共济，以便一道战胜岁月征途上的风风雨雨。

——〔美〕纪伯伦·哈利勒·纪伯伦

最短的情话是你的名字

每日暖心情话

对同床共枕的人，永远应该推心置腹，这是使婚姻美满的基本条件。

——〔爱尔兰〕奎恩

生命的光荣存在于一双心心相印的情侣的及时互爱和热烈拥抱之中。

——〔英〕威廉·莎士比亚

一块草地可以做我们两人枕首的地方；两个胸膛一条心，应该合睡一个眠床。

——〔英〕威廉·莎士比亚

爱的继续像一把神奇的钥匙，可以打开被爱者心灵的迷宫。

——〔保加利亚〕瓦西列夫

爱情埋在心灵深处，并不居住在双唇之间。

——〔英〕阿尔弗雷德·丁尼生

爱情的视觉不是眼睛，而是心灵。

——〔英〕弗朗西斯·培根

爱情不是用眼睛，而是用心灵看的，所以长翅膀的爱神被画成瞎子。

——〔英〕威廉·莎士比亚

友谊与爱情的区别在于：友谊意味着两个人和世界。然而，爱情意味着两个人就是世界。在友谊中一加一等于二，在爱情中，一加一还是一。

——〔印度〕拉宾德拉纳特·泰戈尔

爱情，这不是一颗心去敲打另一颗心，而是两颗心共同撞击的火花。

——〔俄罗斯〕米哈依尔·瓦西里耶维奇·伊萨科夫斯基

爱情——天作之合，心灵纯洁的联系！当两颗心在倾爱中渐渐老去……尽管失去了火焰，却依然保持着光辉。

——〔法〕维克多·雨果

我知道寂寞是深植在我们的根性里，然而如果我的生命已因你而蒙到了祝福的话，我希望你也不要想象你是寂寞的，因为我热望在你的心中占到一个最宝贵的位置。我不愿意有一天我们彼此都只化成了一个记忆，因为记忆无论如何美妙，总是已经过去已经疏远了的。你也许会不相信，我常常想象你是多么美好多么可爱，但实际见了你面的时候，你更比我的想象美好得多可爱得多。你不能说我这是说谎，因为如果不然的话，我满可以仅仅想忆你自足，而不必那样渴望着要看见你了。

——朱生豪

　　啊，亲爱的，我自从得到神明的昭示后，我不再做无益的悲伤了，现在，我要支配我的生命，我要装饰我的生命，我要创造我的生命。亲爱的，我们是互为生命光明的宝灯，从今后，我将努力地挹住你在我空虚的心宫——不错，我们只是"一"，谁能将我们分拆？"一"只是惯作恶剧的撒旦，他用种种的法则来隔开我们，他用种种的阴霾来遮掩我们，故意使我们猜疑。然而这又何济于事？法则有破碎的时候，阴霾有消散的一天，最后我们还是复归于"一"。亲爱的，现在我真的心安意定，我们应当感谢神明，它是给了我们绝大的恩惠。

　　我们的生命既已溶化为"一"，哪里还有什么伤痕？即使自己抓破了自己的手，那也是无怨无忌，轻轻地用唇——温气的唇，来拭净血痕，创伤更变为神秘。亲爱的，放心吧，你的心情我很清楚，因为我们的心弦正激荡着一样的音浪。愿你千万不要为一些小事介意！

　　这几天日子过得特别慢，星期天好不容易到了。亲爱的，你看我是怎样的需要你呵。你这几天心情如何？我祝福你，快乐！

——黄庐隐

第七章　心心相印

亚历山大，你对我说，你把你自己献给我，这使我觉得我的心灵将纯洁而伟大，我知道这还将使我的生存令人惊异。我的朋友，我可以羡慕你，可以爱你，真是快乐，这使我变得更强壮，更善良。因为我要走近我的理想！我只是生息于你一人之中，因为我要走近我的理想！因为你的缘故，我觉得全世界都美丽了。我一直觉得我自己就和你的亲姐妹一样。我的心灵中有一天充满了你的友谊，它便十分满足，我已不缺少什么，无复他求了，这一点我可发誓。然而上帝却还愿替我开辟第二重天。看来，凡爱上帝的人福泽是无疆的，爱情是胜过友谊的……啊！我的亚历山大，你认识这种心灵的天国，你已经听到它的曲子，你自己并且已经唱过这种曲子，这天国的光辉第一次照彻我的心灵，我崇拜它，仰慕它，我爱它。

——〔意大利〕娜达

忠贞

贫病知朋友，离乱识爱情。

——〔德〕埃贡·席勒

我爱的人，我要能够占领他整个生命，他在碰见我之前，没有过去，留着空白等待我。

——钱钟书

贞操是从丰富的爱情中生出来的资产。

——〔印度〕拉宾德拉纳特·泰戈尔

此时真算得上庄严的时刻。我感谢你信守诺言，你的爱情许诺，你的勇气守诺。

朱丽叶特，如果我把感到的所有爱情上的事儿统统写上，恐怕这封信永远也写不完。你知道有一句无穷无尽的话，我今天对你说出来，像我 1833 年 2 月 16 日首次对你说的一样。

——〔法〕维克多·雨果

第七章　心心相印

我亲爱的约翰·迪克森·卡尔，我简直不能想象，我们能在枯燥的、缺乏诗意的基础上共同生活下去，而很多人在自己的并非不幸的婚姻中却把这样生活看作最适宜的，为了不致完全过不下去，他们不是把生活作为一种消遣之游，而是作为一种生意经来对待的……我只需补充一点恳求：你在规划自己的前途时，不要因思念我而对你的决心产生任何影响。你的爱情是我最珍贵的、唯一的财富；但是如果你由于我、我的看法和愿望而做出某种你今后会感到懊悔的牺牲的话，那我会感到无可慰藉；考虑你和你的前途吧，而不要为我的前途过虑，正如犹奥蒂玛在《徐培里昂》中所说的那样：去干你的事吧，我会经受得住的。

——〔德〕布吕尔

　　两情若是久长时，又岂在朝朝暮暮。

——宋·秦观

　　你是我的爱人，我的生命，我的心，我的眼睛。不管是死是活，你可以驱使我干任何事情。

——〔英〕罗·赫里克

　　婚姻成功的秘诀存在于"顺从"和"忠诚"两个词中。

——〔法〕奥诺雷·德·巴尔扎克

最短的情话是你的名字

每日暖心情话

你可以疑心星星是火把；你可以疑心太阳会移转；你可以疑心真理是谎话；可是我的爱永没有改变。

——〔英〕威廉·莎士比亚

时间，武力，死亡，尽你们把我的身体怎样摧残吧；可是我的爱情的基础是这样坚固，就像吸引万物的地心，永远不会动摇。

——〔英〕威廉·莎士比亚

甜蜜的结合既是你心地善良的报偿，也是你忠实于爱情的报偿。

——〔法〕让－雅克·卢梭

经过患难的火的洗礼的爱情才是坚贞的爱情。

——〔瑞典〕塞尔玛·拉格洛夫

没有什么绳索能比爱情拧成的双股线更经拉、经拽。

——〔英〕罗·伯顿

植根于沃土中的爱情大树是风吹不摇、雨打不动的。

——〔阿拉伯〕穆尼尔·纳素夫

真正的爱情是专一的，爱情的领域是非常的狭小，它狭小到只能容下两个人生存；如果同时爱上几个人，那便不能称作爱情，它只是感情上的游戏。

——〔德〕埃贡·席勒

梧桐相待老，鸳鸯会双死。

——唐·孟郊

在爱情里，人们可以原谅严重的不谨慎，但不能饶恕那些轻微的不忠实。

——〔法〕居斯塔夫·福楼拜

真心实意的爱情是人生成熟的果实。

——〔法〕阿尔封斯·德·拉马丁

贫贱之知不可忘，糟糠之妻不下堂。

——宋·范晔

默契

对于不会说话的人，衣服是一种语言，随身带着的袖珍戏剧。

——张爱玲

你是绝顶的聪明人，纵使你沉默，你也是了然。

——庐隐

谁口口声声说"我不爱"，谁就在爱。

——〔古罗马〕奥维德

越是到处宣扬自己爱情的，其爱情越靠不住。

——〔英〕威廉·莎士比亚

爱神奏出无声旋律，远比乐器奏出的悦耳动听。

——〔英〕阿尔弗雷德·拉德克利夫－布朗

万般恩情何处是？尽在相对无言中。

——〔美〕黛西·加内特

声音不能证明什么。母鸡只产下一只蛋，却往往大声啼叫，好像产了个小行星。

——〔美国〕马克·吐温

其爱愈深，其言愈寡。

——英国谚语

真正的爱情是不能用言语表达的，行为才是忠心的最好说明。

——〔英〕威廉·莎士比亚

爱情有如佛家的禅——不可说，不可说，一说就是错。

——三毛

鼓励

接受我的最亲切的致意，我愿意把我整个灵魂（去掉它的苦闷）寄给您，可惜做不到，我要把勇气和毅力寄给您一些；我不喜欢看见您那样刚毅和英勇的精神也会颓丧下去。

——〔法〕奥诺雷·德·巴尔扎克

我亲爱的克莱米，你从马德拉斯寄来的信中写道让你的人生更为丰富，这些话对我来说太珍贵了。我无法表达出你给我带来了多少的快乐，因为我在想，如果爱也能够计算，那么我欠你的实在太多……这些年来，你对我的爱始终没有停歇，陪伴在我身边，我实在难以用言语表达这些事对我的意义。

——〔英〕温斯顿·丘吉尔

希望你保重身体，为完全恢复体力和增强你的如此受损伤的神经而采取一切必要的措施。现在当你感到精神上得到满足，并有如此高涨的情绪时，要做到这一点是不会有困难的。

对于我因你不在身边而感到痛苦，最好的补偿办法就是全面地发展成为一个女诗人、革命活动家和独立的优秀人才。我为你感到骄傲，亲爱的留芭！

——〔保加利亚〕季米特洛夫

第八章

　　爱的征服

浪漫

你是上帝展示在我失明的眼睛前的音乐、天穹、宫殿、江河、天使、深沉的玫瑰，隐秘而没有穷期。

——〔阿根廷〕豪尔赫·路易斯·博尔赫斯

我这一生都是坚定不移的唯物主义者，唯有你，我希望有来生。

——周恩来

我想要在茅亭里看雨、假山边看蚂蚁，看蝴蝶恋爱，看蜘蛛结网，看水，看船，看云，看瀑布，看宋清如甜甜地睡觉。

——朱生豪

你踩过的地方绽几朵红莲，你立的地方喷一株水仙，你立在风中，裙也翩翩，发也翩翩。

——余光中

昨夜一夜我都在听着雨声中度过，要是我们两人一同在雨夜里做梦，那境界是如何不同，或者一同在雨夜里失眠，那也是何等的有味。可是这雨好像永远下不住似的，夜好像永远也过不完似的，一滴一滴掉在我的灵魂上……

——朱生豪

我用手去触摸你的眼睛。太冷了。倘若你的眼睛这样冷，有个人的心会结成冰。

——沈从文

你来不来都一样，竟感觉每朵莲都像你，尤其隔着黄昏，隔着这样的细雨。

——余光中

爱情是这样充满了意象，在一切事物中是最富于幻想的。

——〔英〕威廉·莎士比亚

只有在想象中，爱情才能永世不灭，才能永远环绕着夺目的诗的光轮。

——〔苏联〕康斯坦丁·格奥尔吉耶维奇·帕乌斯托夫斯基

第八章 爱的征服

不要指着月亮起誓，它是变化无常的，每个月都有盈亏圆缺；你要是指着它起誓，也许你的爱情也会像它一样无常。

——〔英〕威廉·莎士比亚

爱情离开了幻想，好像人没有食粮一样。爱情需要热情的培养，不管是生理上的爱情也好，精神上的爱情也好。

——〔法〕维克多·雨果

被摧毁的爱一旦重新修建好，就比原来更宏伟、更美、更顽强。

——〔英〕威廉·莎士比亚

我想作诗，写雨，写夜的相思，写你，写不出。

——朱生豪

一个人只拥有此生此世是不够的，他还应该拥有诗意的世界。

——王小波

当爱情发言的时候，就像诸神的合唱，使整个的天界陶醉于仙乐之中。

——〔英〕威廉·莎士比亚

据西湖传来的消息，西湖连连下了七八天大雪。因此，我幻想着那湖山不晓得有怎样的绮丽，而懊悔不早点回国！如果我能混在那白梅花般的雪队里，和她们一同飞舞起来，是怎样的有趣而且快乐啊！我这次不能卧在白雪疯狂的西湖怀抱中，比失掉10个恋人还觉得悲惨些！怎么办呢？啊，我想喝酒！

你的病好了吗？我很欢喜得到这个消息，愿你以后永远健康。我的感冒和牙痛也渐渐好起来了，请免介意。

永远的友人？你问我能不能和你做永远的友人吗？当然能够。这不正是我们所希望的吗？亲爱的素姐，以后就互相欢欢喜喜地做最好的朋友吧。

我虽然不能生在记忆里，但我好像为着创造记忆生的样子。我未尝有过一次，把自己所爱的东西紧紧地握在手里享受过；要紧紧地握它的时候，它便变成空虚了，残留的只是存在心底的微微的香气。而这个香气时时要使我叹息，使我微笑，又使我发生新的希望。啊！我是怎样的蠢，怎样的空啊！可是，这种香气在我不管是怎样的空和多事，我还是希望它能够多种多样地包围我，乘着前面滚来的浪花浮，越过前面滚滚来的浪花浮，这样地浮，浮下去，莫不就是我们共通的命运吗？

——杨骚

昨晚你肯定表示，为了纪念你亲爱的丈夫要守寡，词意坚决，令我不胜愤慨，回家后倒在卧榻上，以为我已经死亡，自觉身在极乐之境。

他们问我，可要特别见见谁。"你们带我去见哲学家。""此间花园里有两位哲学家，彼此结为芳邻，非常友好。""他们是谁？""苏格拉底和艾尔维修斯。""两位我都极其尊重；但我要先见艾尔维修斯，因为我懂一点法文，希腊文却一字不识。"他非常殷勤地望了我一番，说闻我的大名已久。他问了我无数关于战争的事，目前法国宗教、自由和政府的情况。"可是你却没有问起关于你朋友艾尔维修斯太太的事情，而她仍然非常爱你；一小时以前我还在她家里的呢。""是吗！"他说，"你使我想起我以往的福分了；可是我要在这里快活一下，应该忘掉这件事。多年来，我心里什么都不想，只有她，终于我得到了安慰。我另娶了一个人，再也找不到比这人更像她的人了。的确她并不十分美丽；但有头脑、有才气、无限爱我。她全部心思都用在讨我的欢心上；此刻她正在搜寻甘露佳肴，供我今宵大快朵颐；和我在一起，你可以见到她。"

"我觉得，"我说，"你的老朋友比你更忠实；因为许多人向她求婚，她都拒绝。我坦白告诉你，我爱她逾份，但她对我却很严厉，已经因为爱你而断然拒绝了我。""你这样不幸，我可怜你，"他说，"因为她的确是个好女子，非常和蔼可亲。但是德拉罗希神父和摩海莱神父不是有时仍旧在她家里吗？""是的，的确在，因为你的朋友她一个也没有失去。""如果你能请摩海莱神父喝掺牛奶的咖啡，讨好他，也许你能成功。因为他和思高、圣多玛一样会讲妙理，他有了主张，一层一节说出来，真叫人无法对抗。要不然你就讨好德拉罗希神父，送他一本珍本古书，叫他说你坏后，这样反对你有益。原来我早就看出，他劝她做的事，她总是反其道而行，然后才称心。"

说到这里，新艾尔维修斯太太拿了甘露进来了；我一看见她就认出是本杰明·富兰克林太太，我的美国老朋友。我要她重新归我，可是她冷冷地对我说，"我做了你的好妻子四十九年零四个月了；差不多有半个世纪；你该满足了。" 我对于我的亡妻这样拒绝我大为不满，我立刻决心不理那些没有良心的鬼魂，重新回到这个快乐世界上再看看阳光和你。我又回来了。我们来替自己报仇雪恨吧。

——〔美〕本杰明·富兰克林

魅力

魅力是女人的力量，正如力量是男人的魅力。

——〔英〕霭理斯

魅力有一种能使人开颜，消怒，并且悦人和迷人的神秘品质。

——〔美〕普拉斯

漂亮的人怀疑自己的智慧，强有力的人怀疑自己的魅力。

——〔意大利〕安德烈·莫罗阿

魅力是为远处的赞美者而存在的。没有任何场面比熊熊燃烧的火焰更壮观。

——〔英〕塞缪尔·约翰逊

把白纸装订进书中有一种特殊的魅力。没有失去纯洁、依然闪耀着天真色泽的白纸总是比它被使用之后更美好。

——〔德〕利希滕伯格

最短的情话是你的名字

每日暖心情话

美丽使你引起别人的注意，睿智使你得到别人的赏识，而魅力，却使你难以被人忘怀。

——〔意大利〕索菲娅·罗兰

人生的一切变化，一切魅力，一切美都是由光阴和阴影构成的。

——〔俄罗斯〕列夫·尼古拉耶维奇·托尔斯泰

魅力是一种无形的美。

——〔意大利〕索菲娅·罗兰

魅力通常是在智慧之中，而不是在容貌之中。

——〔法〕孟德斯鸠

没有魅力的美，就如同没有鱼饵的钓钩。

——〔美〕拉尔夫·沃尔多·爱默生

从我们心中夺走对美的爱，也就夺走了生活的全部魅力。

——〔法〕让－雅克·卢梭

魅力包含技术、真诚和神秘感。……一开始它们是一种技术，然后由于真诚，就成为我们的习惯，最终，它会转变为我们独特的、神秘的魅力。

——〔意大利〕索菲亚·罗兰

征服

爱情是一场决斗。如果你左顾右盼，你就完蛋了。

——〔法〕罗曼·罗兰

所有的爱都可被忠贞不渝的爱情征服。

——〔古罗马〕奥维德

真挚的友谊能消嫉心，真挚的爱情能克轻佻。

——〔法〕弗朗索瓦·德·拉罗什富科

能赢得一千颗普通人的心，固然堪称众望所归；然而能教一个浪荡女子就范的，无疑是名副其实的英雄。

——〔美〕华盛顿·欧文

有脑子的女人决不会像有感情的女人那样讨我们欢心，白玫瑰总比不上红玫瑰动人。

——〔美〕奥·霍姆斯

女人要想降服谁，你也知道，十拿九稳，再刚强的汉子碰上她，也会避之唯恐不及。

——〔英〕塞缪尔·理查逊〔美〕朱蒂斯·巴特勒

她像一朵开在河面的百合，漂浮在他思想的川流上。

——〔美〕亨利·沃兹沃斯·朗费罗

赢得女人的爱情或长期占有她，靠的既不是德行也不是学识，既不是勇敢也不是智慧，既不是力量也不是英俊，更不是显赫荣耀；究竟靠什么，说出来不易，要说到点子上更不易。

——〔英〕约翰·弥尔顿

如果打算去爱一个人，你要想清楚，是否愿意为了他，放弃如上帝般自由的心灵，从此心甘情愿有了羁绊。

——〔美〕弗朗西斯·斯科特·基·菲茨杰拉德

嫉妒

在我们所有的感情中，最令人迷惑与神魂颠倒的，就是爱情与嫉妒。

——〔法〕让－雅克·卢梭

你不给我写信。要是你爱上了什么人，那就写信告诉我，免得我冒昧地在心里吻你，甚至拥抱你，就像我现在正在做的一样。好，心上人，再见，再见！活下去，傻姑娘，指望上帝吧，不要多疑。

——〔俄罗斯〕安东·巴甫洛维奇·契诃夫

你想知道我对你的爱情是什么吗？就是从心底里喜欢你，觉得你的一举一动都很亲切，不高兴你比喜欢我更喜欢别人。你要是喜欢了别人我会哭，但是还是喜欢你。你肯用这样的爱情回报我吗？就是你高兴我也高兴。你难过时我来安慰你，还有别爱别人。

——王小波

最短的情话是你的名字

每日暖心情话

我不久前爱上你，自那以后，我对你的爱更增千倍。唉，真希望看到你的美中不足。再少几分甜美，少几分优雅，少几分妩媚，少几分姣好吧。但绝不要嫉妒，不要流泪。你的眼泪使我神魂颠倒，也使我热血沸腾。

——〔法〕拿破仑·波拿巴

我从没有像昨天那样爱你。这是确实的，尽管我无情、癫狂、愚蠢。原谅我吧。我是个可怜的疯子，因为爱、嫉妒、盛怒而发狂，而残酷。我不知我做了什么事，不过我知道我爱你。

你明白，你以前的女人，从无一个像你这样被我爱慕。你以后的女人也不会有。我爱你爱得要死。爱得要把你杀死。这点，你可不要过于抱怨。在这个世上，没有任何事比被爱更美、更好。

照样爱我吧。当你抽我的血的那一天，我将吻你打我的手。不，完全不会这样，我们将相亲相爱，你将幸福。我重读你的信。我伏在你脚下。我在天堂。

——〔法〕维克多·雨果

你知道我多么坏吗？听说你跟她合不来，我简直高兴极了！我责备自己不该怀有这种感情。我知道我一点也没有流露出来，却总是无法完全摆脱这种感情。它不是一个人能够左右的事。

我恨那个女人，因为她使你不快活。可是，如果你跟她过得快活的话，那我对她的恨会增加一百倍。我觉得她夺去了这应该属于我一个人的东西，我理所应得的东西，因为我爱你胜于任何人，把你看得比世界上任何东西都贵重。

如果你听到这些话感到烦恼，请恕我这种无意识的流露。我向你倾诉了衷曲。原因是那首交响曲。不过，我认为你应该知道我并不是你想象的那么一个理想人物，况且，这丝毫不能改变我们之间的关系。我也不愿它有什么改变。我已下定决心；直到生命的末日，此生不希望再有什么变化，不希望任何人……不过，这话我没有权利说。请原谅我，忘掉我所说的一切吧——我心里很烦乱。

——〔德〕费拉列托芙娜

世上最可怕的情感不是恨，而是爱，因为有了爱才有嫉妒。它不但能令人变成呆子、疯子，还能令人变成瞎子。

——古龙

还有，我必须禁止自己和你坐在一起。在此，我谨请求你可怜我不幸的嫉妒心，避开任何男人，就像避开我一样。我不再来到你身边。至少，让我能宽慰地看到，唯我享有一种幸福，只有你的利益才能使我放弃这种不幸。留在你母亲的身边，到别的女人当中去。

你不知道，我的阿黛尔，我爱你到何种程度。我不能看见另一个男人靠近你而不惶惶不安，嫉妒得发抖。我的肌肉绷得铁紧，胸脯胀得鼓鼓的，得使出全身力气、极尽谨慎才能自制……

——〔法〕维克多·雨果

普希金说："已发生的事情不再发生。"相信我，世事是不会被忘记的，是不会逝去的，但也是不会再回来的。在你去参加加冕大典之前，我对你的爱情有恬静的感觉，尊敬的感觉与信任心，如今我再也不能感觉到了。那时候我听从我的热情，现在我怕我的热情。此刻我给你写一封长信，但是不能寄给你，日后我再给你看吧。因为这封信是我在憎恨你的影响之下写给你的。在莫斯科，一个并不认识你的人告诉我，说你爱上了莫尔蒂尔，说你天天去看他，还和他通信……

　　我感到悲哀、沉闷、忧郁；一切都是一个失败，一切都是不愉快的，可是不论怎样，我不要见你，除非这种"傻瓜"情感过去了，除非我像以往那样地信任你之后。

　　——〔俄罗斯〕列夫·尼古拉耶维奇·托尔斯泰

第八章　爱的征服

第九章

　　爱的围城

婚姻

婚姻是青春的结束，人生的开始。

——〔英〕威廉·莎士比亚

见到你之前，从未想过结婚；我娶了她几十年，从未后悔娶她，也从未想过要再娶别的女人。

——钱钟书

围在城里的人想逃出去，城外的人想冲进来，对婚姻也罢，职业也罢，人生的愿望大都如此。

——钱钟书

互相研究了三周，相爱了三个月，吵架了三年，彼此忍耐了三十年——然后，轮到孩子来重复同样的事，这叫作婚姻。

——〔美〕泰恩

最短的情话是你的名字

每日暖心情话

我多希望你也能和我一样幸福——我知道，我的未来将会有多幸福。我最爱的爱玛，你只属于我。我诚挚地祈祷，希望你永远不会为我们星期二要做的伟大举动而后悔。我会竭尽所能使之完美：我亲爱的未来的妻子，愿上帝保佑你……

——〔英〕查尔斯·罗伯特·达尔文

　　亲爱的第一夫人，到今天为止，我们共同度过了31年的幸福时光，这是世上少数男人才享有的荣幸。我曾告诉过你，我的婚姻就像一个青少年对婚姻所怀的梦想那样美好，一直以来都是如此。你是我的至爱，没有你，我是不完整的。你就是我的生命本身。结婚纪念日快乐，感谢你31年来的美好陪伴！

——〔美〕〔瑞典〕罗纳德·里根

　　也许每一个男子全都有过这样的两个女人，至少两个。娶了红玫瑰，久而久之，红的变了墙上的一抹蚊子血，白的还是"床前明月光"；娶了白玫瑰，白的便是衣服上沾的一粒饭粘子，红的却是心口上一颗朱砂痣。

——张爱玲

　　婚姻是一张即使赌输了也不能撕毁的彩票。

——〔美〕海伦·罗兰

只有爱情才能使婚姻神圣，只有使爱情神圣的婚姻才是真正的婚姻。

——〔俄罗斯〕列夫·尼古拉耶维奇·托尔斯泰

在婚姻中，每个人都要付出代价，同时也要收回点什么，这是供求规律。

——〔法〕罗曼·罗兰

已婚的人从对方获得的那种快乐，仅仅是婚姻的开头，绝不是其全部意义。婚姻的全部含义蕴藏在家庭生活中。

——〔俄罗斯〕列夫·尼古拉耶维奇·托尔斯泰

既然婚姻可以实现它的可能性，丈夫和妻子都必须明白，无论法律如何规定，他们在自己的私生活中必须是自由的。

——〔英〕罗素

和丈夫志同道合，就是婚姻美满的一个基础。

——〔美〕卡耐基夫人

婚姻是一种必要的苦恼。

——〔瑞典〕罗纳德

信任是婚姻关系中两个人所共享的最重要的特质，也是建立愉快的、成长的关系所不可短缺的。

——〔美〕尼娜·欧尼尔

我不仅把婚姻描写为一切结合之中最甜蜜的结合，而且还描写为一切契约之中最神圣不可侵犯的契约。

——〔法〕让－雅克·卢梭

没有冲突的婚姻，几乎同没有危机的国家一样难以想象。

——〔法〕莫鲁瓦

婚姻产生人生，爱情只产生快乐，快乐消失了，婚姻依旧存在，且更诞生了比男女结合更可贵的价值。

——〔法〕莫鲁瓦

婚姻成功最大的秘诀便是把所有的灾难看成意外事件，而把任何意外事件都不当作灾难。

——〔德〕尼寇尔泰

婚姻需要两个明智的人的不断地培育，关键在于不要自满，要永远去改善你的婚姻。

——〔阿根廷〕弗罗伦斯·伊萨克斯

第九章　爱的围城

147

婚配就是两个相爱的强者同舟共济，以便一道战胜岁月征途上的风风雨雨。

——〔美〕纪伯伦·哈利勒·纪伯伦

结婚就意味着平分个人权益，承担双份义务。

——〔德〕阿图尔·叔本华

美满的婚姻是难得一遇的。

——〔英〕弗朗西斯·培根

没有真正的爱情的婚姻，是一个人堕落的起点。

——〔美〕欧内斯特·米勒尔·海明威

多少妇女为了孩子的利益，强迫自己忍受不顺心的婚姻。

——〔法〕罗曼·罗兰

婚姻必须首先出于依恋之情，如果您愿意，也可以说是出于爱情，如果有了这种感情，只有在这种情况下，婚姻才可能说是神圣的。

——〔俄罗斯〕列夫·尼古拉耶维奇·托尔斯泰

恋爱总比婚姻更令人愉快,恰似小说总比历史更令人愉快。

——〔法〕尚福尔

婚姻一开始两方面就不能以身以心赤诚相爱，一旦瓦解起来也就比什么都快。

——〔奥地利〕西格蒙德·弗洛伊德

结婚后夫妇间的关系并不是单方面的要求和给予，必须各尽所能，各得其所，才可能发挥到极致。

——〔爱尔兰〕萧伯纳

缺少爱情即无完美婚姻。

——〔法〕罗曼·罗兰

世上最大的考验就是：一个抱持单身主义的美女撞见一个抱持单身主义的俊男。

——朱德庸

奴隶社会的一夫一妻制是以公开蹂躏女农和纳妾为特征的一夫一妻制，具有十分残暴和野蛮的性质；封建社会的一夫一妻制是以公开纳妾为特征的一夫一妻制；资本主义社会的一夫一妻制是以通奸行为为补充的一夫一妻制。

——〔德〕弗里德里希·恩格斯

单身有时并不是逃避现实，而是接受现实。

——朱德庸

单身是一种生活方式；婚姻是一种生存方式。

——朱德庸

婚前的女郎有着闪电般的特质；但结婚后，大部分都只剩下雷声隆隆的特质。

——朱德庸

婚姻是"美好"的：只有女人够"美"，男人才肯说"好"。

——朱德庸

在不景气的年代，结婚比恋爱重要——因为谈恋爱的成本比较高。

——朱德庸

爱情就像陷阱，出去总是比进来更令人伤脑筋。

——朱德庸

恋爱视快乐为目的，而婚姻视整个人生为目标。

——〔法〕奥诺雷·德·巴尔扎克

恋爱不会因结婚而终止，爱的事业是永无止境的。

——〔法〕亚历山大·大仲马

结婚通常是爱情的果实。

——〔法〕莫里哀

一般人结婚就像建立了一种合作关系——成立一家公司。

——〔美〕亨利·詹姆斯

恋爱是结婚的过程，结婚是恋爱的目的。

——〔德〕阿图尔·叔本华

单身女郎也不喜欢婚姻，但不代表她不喜欢已婚的男人。

——朱德庸

单身好还是结婚好？其实答案并不是好不好的问题，而是要不要的问题。

——朱德庸

爱情是一种选择，婚姻则是一种命运。

——朱德庸

想保持单身一点都不困难——只要你不停地说要结婚，所有的单身男人就会远离。

——朱德庸

单身风气愈盛行，人们就愈只能到戏院去看闹剧了。

——朱德庸

结婚就是两颗心结合在一起。

——〔印度〕拉宾德拉纳特·泰戈尔

结婚是一种巡礼，一种炼狱。

——〔瑞士〕亚美路

我们之所以结婚，是因为彼此都已经有了需要。

——〔爱尔兰〕萧伯纳

人们多半在狂热中结婚，到头来造成一生的懊悔。

——〔法〕莫里哀

与其与一个冷漠无情的聪明女子结婚，毋宁和一个多情鲁钝的女人结合。

——〔美〕卡尔·波普尔

女人应尽早结婚，而男人则应尽晚结婚。

——〔爱尔兰〕萧伯纳

人应该在成年之后结婚。因为小于或大于这个年龄都要过分考虑。

——〔英〕杰弗雷·乔叟

我最显赫的成就，不是别的，而是当年我说服了克莱蒂娜与我结婚，她是我一生中唯一的女人，没有她我可能不会有任何成就。

——〔英〕温斯顿·丘吉尔

要想美好地过一生，就只有两个人结合，因为半个球是无法滚动的，所以每个成年人的重要任务就是找到和自己相配的一半。

——〔德〕卡尔·马克思

夫妻间是应由相互认识而了解，进而由彼此容忍而敬爱，才能维持一个美满的婚姻。

——〔法〕奥诺雷·德·巴尔扎克

幸福的结婚，是由夫妻间的心灵融合的结果产生的。

——〔法〕奥诺雷·德·巴尔扎克

一个好妻子，除了处理家务外，她必须兼有慈母、良伴、恋人三种品质。

——〔英〕威廉·莎士比亚

第九章　爱的围城

在和睦的家庭里，每对夫妻至少有一个是"傻子"。

——〔英〕威廉·莎士比亚

你想教育好孩子，首先就要真心喜爱自己的妻子。

——〔苏联〕瓦·阿·苏霍姆林斯基

假使你想被爱，那么，你就用丈夫所能接受的方式把成熟的爱情献给他。

——〔美〕亚当·奥斯本

妻子也有需求。她需要爱、关怀和保护。当她感到丈夫在关怀她，给她带来保障和幸福时，她就会觉得安全。

——〔美〕亚当·奥斯本

婚姻不是一个未定的问题吗？自从开天辟地就有人说，在婚姻制度内的人想要出来，而在婚姻制度外的人想要进去。有人问苏格拉底他是否应当娶妻，苏格拉底的回答至今也还是很有道理："无论娶不娶，你都会后悔的。"

——〔美〕拉尔夫·沃尔多·爱默生

精神恋爱的结果永远是结婚，而肉体之爱往往就停顿在某一阶段。

——张爱玲

男女居室，人之大伦也。

——战国·孟子

夫妇之道，有义则合，无义则离。

——汉·班固

婚姻者，居室之大伦也。

——汉·司马迁

婚姻勿贪势家。

——南北朝·颜之推

爱情走入婚姻不外乎三种下场：沉淀、溶解、挥发。

——朱德庸

夫妻无隔宿之仇。

——清·吴敬梓

许多不幸的婚姻都只不过是情爱死亡后的漫长挣扎罢了。

——〔法〕奥斯瓦尔德·施瓦茨

第九章　爱的围城

恋爱不会因结婚而终止，爱的事业是永无止境的。

——〔法〕亚历山大·大仲马

不但是我们，就是全地球，实在都被结婚的情欲所推动，而且凡是属于地上的一切，都是有这一条共同的道路才得以存在的。

——〔美〕西奥多·德莱塞

没有失败的婚姻，只有失败的人，所有婚姻都反映出人的本性。

——〔美〕福斯迪克

哪里有没有爱情的婚姻，哪里就有不结婚的爱情。

——〔美〕本杰明·富兰克林

只有建立在理性上的婚姻，才是幸福的婚姻。

——〔俄罗斯〕列夫·尼古拉耶维奇·托尔斯泰

我不仅把婚姻描写为一切结合之中最甜蜜的结合，而且还描写为一切契约之中最神圣不可侵犯的契约。

——〔法〕亨利·卢梭

只追求容貌的婚姻，通常只是一种庸俗的交易。

——〔比利时〕罗格林

婚姻可以比作笼子，笼外的鸟儿拼命想进去，笼内的鸟儿拼命想出来。

——〔美〕门肯

婚姻是一本书，第一章写的是诗篇，而其余则是平淡的散文。

——〔美〕尼克斯

人们求爱的时候做着美梦，一旦结婚就从梦中醒来。

——〔英〕亚历山大·蒲柏

一个好妻子，心地光明，行动正直，就不该监视；至于一个坏妻子，监视她也是白花了工夫，守也守不住。

——〔英〕杰弗雷·乔叟

第九章 爱的围城

恩爱

贤妻和健康是一个男子最宝贵的财富。

——〔英〕斯珀吉翁

　　我可怜的宝贝，尤其不要担心，不要哭。想想吧，我随时都可能来到你身边。其次，请给我写一封长长的信。我得读它十次，吻它百遍。告诉我你的情况怎样，尽可能详细。你要是不舒服，那就不要犹豫，赶紧派人去找特利热先生。

　　你知道我的病并不严重。你熟悉这种病。这只是个微恙，可是很讨厌。亲爱的，想我吧，我只想到你。而且，此时此刻我的眼睛、心、灵魂怀着无以言表的爱转向了你。

　　多多一夜睡得很好。请代我吻我的克莱尔，我不久就会让她乐得发狂的。

——〔法〕维克多·雨果

　　结发为夫妻，恩爱两不疑。

——西汉·苏武

不如意的婚姻好比是座地狱，一辈子鸡争鹅斗，不得安生；相反地，选到一个称心如意的配偶，就能百年谐和，幸福无穷。

——〔英〕威廉·莎士比亚

充满矛盾的结合还不如地狱，互敬互爱的婚姻可与天堂媲美。

——〔英〕乔·库克

死生契阔，与子成说。执子之手，与子偕老。

——佚名

如果我们结婚之后仍然能保持爱情的甜蜜，我们在地上也等于进了天堂。

——〔法〕让-雅克·卢梭

夫妇间的恩爱，两个人的灵魂的合一，也只有这默然相对忘言的当儿，才是人生中最难得的真味。

——茅盾

不要愁老之将至，你老了一定很可爱。而且，假如你老了十岁，我当然也同样老了十岁，世界也老了十岁，上帝也老了十岁，一切都是一样。

——朱生豪

亲爱的，我们相爱有 41 年了！与我一样；你也记得，那时我正好 30 岁，你才 28 岁。而今我已 71 了，你也有 67 了！不过，我们的心是多么年轻！你保存了美，甚至身体的美，增加了灵魂的光彩。你就像一团炽烈的火焰。我离光焰太近时，它便烧炙着我。我离你太近时，你便甜蜜地嗔怪我。啊，你知道吗？我爱你。我吻你的脚，它们引我在大地上行走；我吻你的翅翼，它们将把我带往天空！

——〔法〕维克多·雨果

之华：

今天接到你二月二十四日的信，这封信算是走得很快的了。你的信，是如此之甜蜜，我像饮了醇酒一样，陶醉着。我知道你同着独伊去看《青鸟》，我心上非常之高兴。《青鸟》是梅德林的剧作（比利时的文学家），俄国剧院做得很好的。我在这里每星期也有两次电影看，有时也有好片子，不过从我来到现在，只有一次影片是好的，其余不过是消磨时间罢了。独伊看了《青鸟》一定是非常高兴，我的之华，你也要高兴的。

之华，我想如果我不延长在此的休息期，我三月八日就可以到莫斯科，如果我还要延长两星期那就要到三月二十日。我如何是好呢？我又想快些快些见着你，又想依你的话多休息几星期。我如何呢？之华，体力是大有关系的。我最近几天觉得人的兴致好些，我要运动，要滑雪，要打乒乓，想着将来的工作计划，想着如何同你在莫斯科玩耍，如何帮你读俄文，教你练习汉文。我自己将来想做的工作，我想是越简单越好，以前总是"贪多少做"。

可是，我的肺病仍然是不大好，最近两天右部的胸膛痛得厉害，医生又叫我用电光照了。

之华，《小说月报》怎么还没有寄来，问问云白看！

之华，独伊和我如此亲热了，我心上极其欢喜，我欢喜她，想着她的有趣齐整的笑容，这是你制造出来的啊！之华，我每天总是梦着你或是独伊。梦中的你是如此之亲热……哈哈。

要睡了，要再梦见你。

秋白

二月二十六日晚

——瞿秋白

平等

婚姻是社会中的第一约束。

——〔罗马〕马尔库斯·图利乌斯·西塞罗

爱情要彼此给予，然后去丰富两人共享的世界。

——〔法〕西蒙娜·波伏娃

婚姻确乎改变了某些情况，其中包括时间的支配和使用。

——〔英〕夏洛蒂·勃朗特

给丈夫带来财富的妻子，往往也带来自命不凡的意念，并且力争她自认为属于她的权利，这都不利于婚后生活的幸福。

——〔英〕夏洛蒂·勃朗特

婚姻的幸福并不完全建筑在显赫的身份和财产上，却建筑在互相尊敬上。这种幸福的本质是谦逊和朴实的。

——〔法〕奥诺雷·德·巴尔扎克

丈夫和妻子的平等应该像雨后的水洼，倒映着特别蓝的天、特别美丽的阳光和特别绿的树叶，这里有许多温柔的爱和同情，这是世界上所有平等中最好的一种。

——陈丹燕

任何一个做丈夫的都不应成为妻子施舍的对象，反过来，妻子对丈夫也一样。

——〔英〕夏洛蒂·勃朗特

既然上帝预许了永恒，所以他要人们成双成对。

——〔法〕维克多·雨果

夫妻社会是基于男女之间的自愿和约构成的。

——〔英〕约翰·洛克

选这样的女人做你的妻子：如果她是一个男的，你会选他做朋友。

——〔瑞典〕阿尔弗雷德·贝恩哈德·诺贝尔

结婚这件事，与其认为男女两性间的相互权利，毋宁认为是带有社会性的一种必要协同的义务；与其认为男女两性间的绝对自由，毋宁认为是在人类继续进展中必要履行的某种条件。

——沈钧儒

第九章 爱的围城

如果一个人没有能力帮助他所爱的人，最好不要随便谈什么爱不爱。当然，帮助不等于爱情，但爱情不能不包括帮助。

——鲁迅

恋爱不是慈善事业，所以不能慷慨施舍。

——〔爱尔兰〕萧伯纳

收起你的金子，金子决不能把我收买，收起你的小恩小惠，请代之以你的忠诚誓言，给我爱情，给我你曾拒绝给我的爱，让我做你的妻子，这就是我唯一的心愿。

——〔美〕罗森菲尔德

沟通

人与人之间多么难以互相理解，思想是多么难以沟通，即使在相爱者之间。

——〔法〕夏尔·皮埃尔·波德莱尔

有这么一种特效的爱情春药——温存，有了它，女人就可任意支配她的男人。

——〔希腊〕米南德

为了处世，我们人人都全副武装。但是，紧密连接在一起的夫妻，就无须穿戴铠甲了。

——〔罗马〕摩洛瓦

在婚姻上，最具毁灭性的问题在于缺乏沟通，尤其是爱情、性和金钱方面。

——〔美〕奥茨

两个人的世界，是不应该有一个人向隅而泣的。

——沈嘉禄

幸福的婚姻不仅需要交流思想，也要感情交流，把感情关在自己心里，也就把妻子推到自己的生活之外了。

——〔英〕简·奥斯汀

如果男人与男人之间、女人与女人之间均差别甚小，那就没有什么特别的理由后悔同这个人结婚而没有同别人结婚。但是如果人们的兴趣、职业、爱好都各种各样，那么就会要求其伴侣是情投意合的，而且当他们发现已得到的比可以得到的要少时，就会产生不满足的感觉。

——〔英〕罗素

和睦夫妻间的谈话是亲切、平凡、饶有滋味的，如同这些菜肴，虽配料简单，但比珍奇美味更受欢迎。

——〔法〕安德烈·莫洛亚

已婚的人从对方获得的那种快乐，仅仅是婚姻的开头，绝不是其全部意义。婚姻的全部含义蕴藏在家庭生活中。

——〔俄罗斯〕列夫·尼古拉耶维奇·托尔斯泰

不要忘记了我，不要让你对我的友情死了，让我们明年夏天还一同到什么地方去玩玩。现在别离一时吧！大概在四个月内我们不能见面。若是你们能在春天到那尔泰来一趟，到这里演演戏，还可以休息休息，那才是惊人的艺术呢。亲爱的女演员，请你看在神的面上写信给我，我是多么沉闷烦躁啊！简直是在地狱里。

倘若你愿意的话，那么我就跟你结婚。不过我有一个条件，凡事都得照旧：你大部分时间住在城市，从事演剧，我大部分时间住在乡下从事写作；你可以来看看我，我可以来看看你。允许我做一个奇特丈夫，因为要给我做夫人的，应该像一轮无夜都不出现在我空中的月亮。

——〔俄罗斯〕安东·巴甫洛维奇·契诃夫

第九章 爱的围城

第十章

爱的离别

初恋

人们之所以对初恋感到神秘，是因为不知道爱情迟早要终止。

——〔英〕本杰明·迪斯雷利

世上没有一样东西及得上初恋——爱情初展的柔翼——那么神圣！

——〔美〕亨利·沃兹沃斯·朗费罗

初恋的幻灭对于任何人都是痛苦的，但对于一个诚实的灵魂，一个不想自欺的、与轻佻和夸大绝缘的灵魂，这几乎是不能忍受的。

——〔俄罗斯〕伊凡·谢尔盖耶维奇·屠格涅夫

初恋不过是一分傻气加上九分好奇。

——〔爱尔兰〕萧伯纳

初恋时，女人爱的是人；而这以后，她们爱的只是情。

　　　　　　　——〔法〕弗朗索瓦·德·拉罗什富科

毫无经验的初恋是迷人的，但经受得起考验的爱情是无价的。

　　　　　　　——〔俄罗斯〕马尔林斯基

真的爱情是永不凋谢的。

　　　　　　　——〔法〕维克多·雨果

人出生两次吗？是的。头一次是在人开始生活的那一天；第二次则是在萌发爱情的那一天。

　　　　　　　——〔法〕维克多·雨果

在爱情的季节里，最值得回味的是初恋，最难驾驭的是初恋，最恼人烦人的也是初恋，爱情是生命的盐。

　　　　　　　——〔英〕约·谢菲尔德

初恋自古有之，但它永远是新鲜的。

　　　　　　　——〔德〕海涅

初萌的爱情看到的仅是生命，持续的爱情看到的是永恒。

　　　　　　　——〔法〕维克多·雨果

男人总希望自己是一个女人的第一个男人，这是男人庸劣的虚荣心之所在。我们女人在处世为人中有着敏锐的直觉，我们希望自己是一个男人的最后一个女人。

——〔爱尔兰〕奥斯卡·王尔德

失恋

你把人家的心弄碎了，你要她去拾破烂，一小片一小片耐心地拾拼起来，像孩子们玩拼图游戏似的，也许拼个十年八年也拼不全。

——张爱玲

钻石克钻石。谁想显得聪明，谁就必须用爱情去治疗爱情。

——〔美〕约·福特

曾经爱过而失恋，胜于从没有爱过。

——〔法〕维克多·雨果

即使被人抛弃也比从未被人爱过强。

——〔英〕威廉·康格里夫

错爱总比从没爱过强。

——〔英〕乔·克雷布

失去幸福要比享受不到幸福更不堪忍受。

——〔意大利〕巴蒂斯塔·瓜里尼

为爱而备受无情打击的人，总比从未爱过的人幸运一千倍。

——〔美〕米尔恩斯

因为爱情是失恋派出的使臣。

——〔美〕弗·汤普森

年轻人对于爱情，要提得起放得下，那才是一个智者。

——〔罗马〕马尔库斯·图利乌斯·西塞罗

既然失恋，就必须死心，断线而去的风筝是不可能再追回来的。

——〔法〕奥诺雷·德·巴尔扎克

要想忘却爱情，忙碌是万全之策。

——〔古罗马〕奥维德

当爱情的浪涛被推翻以后，我们应当友好地分手，说一声"再见"！

——〔英〕威廉·莎士比亚

饥饿兴许能治好你的痴情，时间兴许会改变你的心境，假如两者皆告徒劳，我看你还是死了拉倒。

——〔古希腊〕克拉特斯

被弃的恋人还可以得到新的爱情；然而脖子断了，就再也接不上了。

——〔美〕沃尔什

要是爱情虐待了你，你也可以虐待爱情；它刺痛了你，你也可以刺痛它；这样你就可以战胜了爱情。

——〔英〕威廉·莎士比亚

对男人来说，失恋可能会带来某些痛苦，它伤害脆弱者的心灵，毁掉幸运者的前途；但倘若他是个有活力的人，他的苦恼就可在各种事务的忙碌中得到解脱。

——〔美〕华盛顿·欧文

第十章　爱的离别

因为注视会招来媚眼，而媚眼惹出叹息，叹息则又引起渴望，接着是言语搭讪，以后是书笺教传达天使飞来飞去地奔忙，以后呢，天知道当一对年轻人被爱情拴住时会有什么勾当！密约啦、私通啦，接着一场私奔，誓盟毁了，心碎了，脑袋也不稳。

——〔英〕乔治·戈登·拜伦

离婚

离婚是婚姻的安全阀。

——〔英〕罗素

如果你相信卑鄙是天生的性格特征，则卑劣的婚姻无药可救，若不分开，只有卑鄙下去。

——〔法〕赖林德勒

对于没有孩子的婚姻，离婚往往是解决问题的正确途径，即使双方的品行都很端正。

——〔英〕罗素

让离婚同结婚一样容易和方便，一样成为私人的事情。

——〔爱尔兰〕萧伯纳

第十章　爱的离别

不幸的爱情是两个彼此相爱的人结了婚，但随即发现两个人彼此不相称，而且不能在一起幸福地生活。

——〔挪威〕亨利克·易卜生

婚姻的失败，对于一个家庭来说，其影响就是灭顶之灾。

——〔阿拉伯〕穆尼尔·纳素夫

没有生育的婚姻容易破裂，因为只有通过孩子，让关系才能对社会产生重要意义。

——〔英〕罗素

在婚姻生活中，二人不欢，三个成伴。

——〔爱尔兰〕奥斯卡·王尔德

人真正的幸福，并不在婚姻生活外，两个相爱的人分离绝不是幸福，这会使女人更加嫉妒，并因此使男人变成女人的奴隶。

——〔英〕乔治·戈登·拜伦

人们从来未曾把离婚当作单偶制家庭的替代物，只是因为特殊的理由，婚姻不容继续下去时，人们才用离婚的方法来减轻痛苦而已。

——〔英〕罗素

秋士悲

　　原是今生今世已惘然，山河岁月空惆怅，而我，终是要等着你的。

——胡兰成

　　曾因酒醉鞭名马，生怕情多累美人。

——郁达夫

　　露，你俩都好吗？多保重。这是岁末一阵多病的风，不祥的风。……永别了，我亲爱的。

——〔奥地利〕赖内·马利亚·里尔克

　　酒面扑春风，泪眼零秋雨，过了别离时，还解相思否。

——朱生豪

第十章　爱的离别

在我贫瘠的土地上，你是最后的玫瑰。

——〔智利〕巴勃罗·聂鲁达

多年以后与汝相逢，何以贺汝？以沉默或以泪水！

——〔英〕乔治·戈登·拜伦

我将在茫茫人海中寻访我唯一之灵魂伴侣。得之，我幸；失之，我命。

——徐志摩

我是一个俗气至顶的人，见山是山，见海是海，见花便是花。唯独见了你，云海开始翻腾，江潮开始澎湃，昆虫的小触须挠着全世界的痒。你无须开口，我和天地万物便通通奔向你。

——王小波

我不知道那一天是哪年哪月，我不知道我们何时才能相逢；对我的到来你将以什么相迎，是满腹苦水，还是笑语欢声？也许无须待到海枯石烂，双鬓堆满霜雪，目光迷离；天地虽然广袤，但总有一天，亲爱的，我们的手，我们的心，将紧贴在一起。

——〔苏格兰〕休·康韦

一个白日带走了一点青春，日子虽不能毁坏我印象里你所给我的光明，却慢慢地使我不同了。一个女子在诗人的诗中，永远不会老去，但诗人他自己却老去了。想到这些，我十分犹豫了。生命是太脆薄的一种东西，并不比一株花更经得住年月风雨，用对自然倾心的眼，反观人生，使我不能不觉得热情的可珍，而看重人与人凑巧的藤葛。在同一人事上，第二次的凑巧是不会有的。

我生平只看过一回满月。我也安慰自己过，我说："我行过许多地方的桥，看过许多次数的云，喝过许多种类的酒，却只爱过一个正当最好年龄的人。"

我应该为自己庆幸。望着北平高空明蓝的天，使人只想下跪，你给我的影响恰如这天空，距离得那么远。我日里望着，晚上做梦，总梦着生着翅膀，向上飞去。向上飞去，便看到许多星子，都成为你的眼睛了。

——沈从文

我夜坐听风，昼眠听雨，悟得月如何缺，天如何老。

——戴望舒

你浪费了多少咸咸的眼泪，来调剂你从来没有尝到滋味的爱情？

——〔英〕威廉·莎士比亚

在胆怯疑惑的黄昏里，迷失了爱情小径的人们，都像幽灵似的住在往昔里。

——〔印度〕拉宾德拉纳特·泰戈尔

我想对你再说一遍我爱你。可是你不在，这句话反而使我更孤凄。

——〔法〕阿拉贡

让我在我的生活里带着你的爱犹如竖琴带着音乐，并在最后把你的爱连同你的生命一起还给你。

——〔印度〕拉宾德拉纳特·泰戈尔

合卺酒是女人的懵兜汤，一喝便把儿女旧事都忘了。但一切往事在我心中都如残机底线，线线都是相连着，一时还不能断尽。我知道你现在很快活，因为有了许多子女在你膝下。我一想起你，也是和你对着儿女时一样地喜欢。

——许地山

请上帝赐福，让我们能在下个周年纪念日得以相聚，并使我们的友谊同七年前一样挚诚。

我今天重游了旧地，在那里，七年之前我有幸与您进行了交谈。那所房子坐落在涅瓦河畔，亚历山大剧院对面。您下榻

的窗屋就在这幢房子的拐角处，这些您还记得吗？我终生没有
比对您的回忆更加珍贵的了。……在这七年后的今天，我愉快
地体味自己给您的一切深厚的、诚挚的和忠贞不渝的感情。这
种意识像明媚的阳光一般爱抚着我，温暖着我。看来，如果您
生活的光辉能与我的交相映照，那我便是三生有幸了！只要您
一息尚存，定将不辜负这份幸福。从我得到这贵重的礼物之日起，
我就尊敬您了。您知道我这里讲的全是真情。我说的是人类语
言中至诚至真的字句……希望您读过这几行信后能感到一些快
慰。……此刻，请允许我伏倒在您的脚下。

——〔俄罗斯〕伊凡·谢尔盖耶维奇·屠格涅夫

我此刻常感到有一种惨伤和先兆将要出现在我的眼前，妹
妹，我告诉你，我好像深感到我自己一定是一个短命的人！好
像在不久的将来，我便要和这个冷的世界永别！便要和我心上
最好的妹妹永诀！

妹妹，我敢说：我最后的结局，一定会应我预感的先兆！

啊，请你，妹妹，请你迟早等你可怜的哥哥的惨伤的消息吧！

我现在在设想我死后的情景，妹妹，我设想我死后埋葬在
荒林里的孤墓是何等的凄零！我设想多少日子以后，会有一个
素衣皓裳的女郎，抱着满束的鲜花在我墓头祭奠，随后便伤心
欲绝地哭倒在我的墓旁！……

妹妹，我写到这里，禁不住掷笔大哭了！

妹妹，我欲爱而不得爱的妹妹，此后我们还有没有再见的日子呢？我实在不敢预想？

别了，我伤心得不能再继续写下去，手是在抖笔有如山般的重！我们别了！我最最亲爱的妹妹！

——曹雪松

没有你我无法存活。我忘却了一切，只想着要与你再见。我的生命似乎就此终止，没有更远的未来，你占据了我的一切。

我有一种感觉，就在这一刻我似乎正在消融……我曾惊讶于有人会为宗教而牺牲，我曾一想到这就战栗不已。现在我不再为此战栗了。我也可以为我的宗教牺牲。爱就是我的宗教，我可以为它而死，我可以为你而死。我的信经就是爱，而你就是它唯一的信条。你用我无法抵抗的力量将我彻底摧毁。

——〔英〕约翰·济慈

我的人躺在床上，但我的思绪却飞向了你，我永远的爱人。请保持冷静—爱我—今天—昨天—我的眼中饱含泪水思念着你—你—你—我的生命—我的一切—永别了。噢，继续爱我吧，不要误会我这颗最赤诚地爱着你的心。我永远属于你。你永远属于我。我们永远属于彼此。

——〔德〕路德维希·凡·贝多芬

1713年于海牙，他们以皇帝的名义把我监禁在这里；他们可以夺走我的生命，却无法夺走我对你的爱情。是的，我倾心的情人，今天夜晚我将和你会面，即使丢掉脑袋也在所不惜。看在老天爷的面上，写信时别说那些可怕的话。你必须活下去，还要谨慎小心；要把你母亲当作头号敌人来提防。我在说什么呢？人人都得提防，谁都不能信任；月亮一出来，你就要准备停当，我将化装离开旅店，雇一辆马车或便车。我们将风驰电掣般赶往斯赫维宁根；我将随身带好纸张和墨水，以备写信之用。

如果你爱我，那就要沉着。要鼓起全部勇气，保持绝对冷静；别让你母亲有所察觉，带着你的画像。请你相信：即使他们用最严酷的刑罚来威胁我，也不能阻止我为你效劳。

不，什么都不能使我们分离；我们的爱情是建立在道德的基础上的，它将与我们的生命共存。再见，为了你，我什么风险都愿冒；你的价值比这要大得多。再见，我亲爱的心。

阿路埃

——〔法〕伏尔泰

第十章 爱的离别

第十一章

爱的包容

争执

恋人的争吵是爱情的更新。

——〔古罗马〕忒壬斯

情人斗嘴不记仇。

——〔英〕贝恩

我写信是这样的：如果这件事是因为急脾气产生的奇怪行为，我给你机会去承认错误。这不是一次两次了，而是一次又一次。如果你有某种说不出的感觉，那是因为你的反复无常的躁动让你无法分辨出什么，你不知道为什么，就会产生它，它永远不会让你变得和蔼可亲，我真心希望我们中的任何一个变得更开心。现在马上坦白地向我承认——我不会轻易忘记你，但你不需要再发出这样的警告。

——〔英〕查尔斯·狄更斯

婚姻是一次长谈，杂以争辩。

——〔英〕罗伯特·路易斯·史蒂文森

稍微吵上那么一架，存乎于两颗相爱的心里的隔阂反而荡然无存。

——〔英〕托·穆尔

情人吵架，吵一次感情加深一倍。

——〔意大利〕普劳图斯

如果你想让你的爱人爱你，你就必须激怒他。

——〔古罗马〕绪儒斯

为何咒骂能叫他离不了你，而亲吻却做不到这一点呢？

——〔美〕贾斯蒂斯·温斯洛

吵吵闹闹地相爱，亲亲热热地怨恨！

——〔英〕威廉·莎士比亚

经常地小吵小闹，反而充实爱情；总是温文尔雅的，迟早会叫人烦腻。

——〔美〕巴特勒

儿讨媳妇女招郎，人在世间闹一场。

——中国谚语

眼色是女子们常用以补充她们对于一个男子的意见的。

——〔法〕亚历山大·小仲马

一个人轻易地过早地获得幸福，那人一定不是唯一被爱的人。

——〔法〕司汤达

恋爱和疑忌是永不交谈的。

——〔美〕纪伯伦·哈利勒·纪伯伦

亲密的情爱一旦受到激动，是会变成最深切的怨恨的。

——〔英〕威廉·莎士比亚

我该怎样恋爱呢？信任。

——〔英〕莱顿

爱得愈深，苛求得愈切，所以爱人之间不可能没有意气的争执。

——〔瑞士〕戴维·赫伯特·劳伦斯

在爱情中永远没有精神的安宁，因为一方已经占据的优势不过是进一步欲望的新起点。

——〔法〕马赛尔·普鲁斯特

爱情是生活中唯一美好的东西，但却往往因为我们对它提出过分的要求而被毁坏了。

——〔法〕居伊·德·莫泊桑

爱情更能承受的是生离和死别，而不是猜疑和欺骗。

——〔法〕安德烈·莫洛亚

恋爱的人，展现给对方的都是自己最美的羽毛，一颦一笑，一举一动，都是最中人意的，哪怕是小小的争执，都以爱的方式传递，都有一种诱人的魅力，而这些，其实并不都是准确的实在的。

——谌容

夫妻之争没有胜者，只能是两败俱伤。

——〔美〕盖伊

信任是婚姻关系中两个人所共享的最重要特质，也是建立愉快的、成长的关系所不可短缺的。

——〔美〕尼娜·欧尼尔

爱恨

当我爱得最深沉的时候，

爱就隐藏在我的恨里，

当我的恨突然流露在爱里，

那正是我恨得最厉害的时候。

——〔美〕勃朗宁

人们都匆匆爱上一阵，转瞬即逝，但"恨"这种乐趣却能长久保持。

——〔英〕乔治·戈登·拜伦

爱久必恨，恨久必爱。

——〔英〕第欧根尼

女人活在世上不是爱就是恨，别无其他选择。

——〔古罗马〕绪儒斯

许多人（特别是年轻人）不知道如何去爱，如何去恨。他们的爱是一种毫无约束的弱点，毁的是他们所爱的人；他们的恨是一种剧烈而鲁莽的冲动，毁的却是他们自己。

——〔英〕切斯特菲尔德

世上爱情最甜蜜，仅次于爱情的是仇恨。

——〔美〕亨利·沃兹沃斯·朗费罗

傻乎乎地爱，小学生也会；可是，孩子，恨却是一种艺术。

——〔加拿大〕奥·纳什

多年的恩爱在恨的一瞬间就化为乌有。

——〔美〕埃德加·爱伦·坡

恨是爱的灰烬。

——〔英〕瑞理

想不到爱神的外表这样温柔，实际上却是如此残暴！

——〔英〕威廉·莎士比亚

爱晓得，忍受爱情的暗算，比憎恨的明伤是更大的烦忧。

——〔英〕威廉·莎士比亚

第十一章　爱的包容

宽容

青年男女的恋爱，事先应要求严谨；事后应互相宽忍。

——〔法〕居斯塔夫·福楼拜

爱是双方面的事，要彼此付出，彼此吸收。

——琼瑶

在凡人看来是瑕疵的东西，爱神却能从中窥出美点。

——〔美〕盖伊

爱情是理解和体贴的别名。

——〔印度〕拉宾德拉纳特·泰戈尔

看中了就不应太挑剔，因为爱情不是在放大镜下做成的。

——〔英〕托·布朗

不能原谅人是爱不起来的！

——〔英〕简·坎皮恩

婚姻是两心相印、相忍、相让的结合。

——〔法〕罗曼·罗兰

结婚前眼睛要睁圆，结婚后眼睛要半睁。

——〔美〕本杰明·富兰克林

只有视而不见的妻子和充耳不闻的丈夫才能有美满的婚姻。

——〔法〕米歇尔·德·蒙田

真正的爱情是上帝赐给下界人类的礼品……它是一种悄悄的怜悯，是银链，是丝带，它将两颗心、两份情紧紧系于一个躯体、一个灵魂。

——〔英〕沃尔特·司各特

爱是最复杂的情感，但是也可能最单纯；爱是恒久的忍耐，但也可能容不了一粒尘埃。

——〔美〕刘墉

第十一章 爱的包容

195

婚姻永远不会十全十美，不管人类怎样想方设法地改变它。婚姻是一种妥协，需要大量的忍让、同情和相互间的理解。

——〔美〕约瑟夫·布雷多克

我爱，你4月19日的来信收到了——写得很糟糕，我还是依然故我，像我这样的人是永不会变的。我不知道欧也纳对你说了些什么。我之所以没有给你写信是因为你不给我写，其次是我只希望你心情愉快一点。

听说你要到马尔梅松去，并且对此感到满意，我很高兴。我很希望收到你的信，同时也乐意写信告诉你我的景况。不多写了，等你把这封信和你那封信做了比较之后再说吧；那时，我将让你自己来判断：我们两人究竟谁对谁好，谁比谁气量大。

再见，我爱；保重身体，对待你自己和我都要公正些。

——〔法〕拿破仑·波拿巴

慰勉

有限的爱情要求占有对方，而无限的爱情则只要求爱的本身。

——〔美〕纪伯伦·哈利勒·纪伯伦

真正的爱情不是靠一个男人和一个女人之间盲目的利己的情欲就可以建立起来的，它必须建立在互相了解、友谊和温存的基础上。

——〔西班牙〕拉福雷特

我的慷慨像海一样浩渺，我的爱情也像海一样深沉；我给你的越多，我自己也越是富有，因为这两者都是没有穷尽的。

——〔英〕威廉·莎士比亚

我的心上人，可怜虫，小狗，你一定会有孩子，大夫们都这样说。只要你完全恢复精力，你就能生出一个小小子，他会打碎碗碟，揪你的她可斯猎犬的尾巴，你呢，瞧着他，心里就得到安慰了。

你送给我的那只猪掉了一只耳朵。

好，亲爱的，愿上帝保佑你，希望你做个乖孩子，不要忧郁，不要烦闷，常常想起你合法的丈夫。要知道，老实说，世上再也没有人像我这么爱你，除了我以外你就什么人也没有了。你必须记住这一点，牢牢地记在心里。

——〔俄罗斯〕安东·巴甫洛维奇·契诃夫

倩儿：……宋裕和同志亦电告三个小孩均安抵青州。得你两信知你已布置妥当，更放心了。我现在由蚌埠移至合肥附近，一片黄金菜花，一片稻田，麦绿如油，南方景色十分可爱，多年久居北方不禁有新鲜感觉。你既然任医学宣教工作，望努力。但盼望多多照护三个小孩，我不能兼顾，一切只有靠你了。南下后工作很忙，每每开会，写文件，谈话，几乎没有多的休息时间，如果亦有稍稍可空闲的工夫，就想你能来我身边为好，就以你不同我南下为欠为念。好在胜利很快，望于打下南京之后，火车搞通，即盼你能同三个小孩迅速南下会合，不能让多年来夫无妻伴，妻无夫陪，儿子离父母，父母离了他们的爱儿呀！

望注意身体，你吃得太少，要养得胖胖的来见孩子的爸爸！余不多谈。乘刘彬同志北来顺带此信。

仲　启

——陈毅

第十二章

爱的技巧

技巧

从事恋爱的人，假如一味地运用所有的术策，那恋爱的幸福便要失去四分之三。专事外表不顾里面的爱情的聪慧在于要使对方永远保持新鲜感。

——〔法〕安德烈·莫洛亚

适当地用理智控制住爱情，有利无弊；发疯似的滥施爱情，有弊无利。

——〔意大利〕普劳图斯

谁能在爱情中最有耐心，谁就有最大的成功。

——〔英〕杰弗雷·乔叟

最甜的蜜糖可以使味觉麻木，不太热烈的爱情才会维持久远；太快和太慢，结果都不会圆满。

——〔英〕威廉·莎士比亚

聪明的女人都知道对付男人有种最好的战略，那就是让男人觉得她软弱。所以，看来最软弱的女人其实也许比大多数男人都坚强得多。

——古龙

赞美

最贤的妻，最才的女。

——钱钟书评杨绛

在这世上，一般的女子我只会跟她们厮混，跟她们逢场作戏，而让我顶礼膜拜的却只有你。

——胡兰成

哪个女人能抵御恭维的力量？

——〔美〕盖伊

你的眼睛可真好看，里面有晴雨、日月、山川、江河、云雾、花鸟，但我的眼睛更好看，因为我的眼里有你。

—— 余光中

春水初生，春林初盛，东风十里，不如你。

——西汉·冯唐

最短的情话是你的名字

每日暖心情话

我自私、嫉妒、残酷、好色、爱说谎，而且或许更为糟糕。因此，我曾告诫自己永远不要结婚。这主要是因为，我想，我觉得和一个不如我的女人在一起，我无法控制我的这些恶习，而且她的自卑和驯服会逐渐地使我变本加厉……正因为你不是那种女性，就把这种危险无限地减少了。也许你就像你自己说的那样，有虚荣心，以自我为中心，不忠实。然而，它们和你的其他品格相比，是微不足道的。你是多么聪明、精致、美丽、坦率。此外，我们毕竟都喜欢对方，我们喜欢同样的东西和同样的人物，我们都很有才气，最重要的还有我们所共同理解的那种真实，而这对于我们来说，是很重要的。

——〔英〕伦纳德·伍尔夫

恭维不会使女人飘然，却往往使男人丧志。

——〔爱尔兰〕奥斯卡·王尔德

啊，爱情的主旨是彼此讨好。

——〔英〕威廉·莎士比亚

……绝色的，亲爱的，永远为我所爱的——请允许我再次这样坦率地称呼您——娜杰日达·费拉列托芙娜：当您接到这封信时，我已不在西阿玛基了。我将在您的生活中消失。我们已演奏完我们那首崇高的乐章。您护卫我免遭一切纷扰，但您本人却侵占了我。您曾说过，我爱的应是音乐，而不是女人。

然而，我破坏了自己的生活准则，因此我要抽身出走。为此我将蒙受难以计量的重大损失，它要比您的损失大得多，因为我从您身上得到的要比您从我身上得到的多得多。可是有什么办法呢？同您相交，栖身于您硕大而温暖的翼下，我的心陶醉于温情、希冀和幸福之中。它将昏昏地睡去，什么音律也不能再把它唤醒。这样，何以从事音乐呢？您本身就是音乐。您是世间的精英，一个伟大的人、女人、妻子和母亲……

——〔俄罗斯〕彼得·伊里奇·柴可夫斯基

不知道赞美的人，不会有爱情。

——〔保加利亚〕瓦西列夫

亲爱的巴莱特小姐，你那些诗篇真叫我喜爱极了。我现在写给你的这封信，绝不是一封随手写来的恭维信——不管它是怎样一封信，这信绝不是顺口敷衍，一味夸张你有多大多大的天才，而的确是一种心悦诚服的流露。正好是一个星期前，我第一次拜读你的诗篇，从此我脑子里就一直翻来覆去地想着，不知该怎样向你表达我当时的感受才好——如今论起这一番情景，真要失笑。原来我当初一阵狂喜，自以为这一回我可要打破向来那种单纯欣赏一下算了的习惯了——为什么不呢？我确然得到了欣赏的乐趣，而我的钦佩又是十足有道理的，说不定我还会像一个忠实的同行所该做的那样，试着挑剔你一些缺点，贡献你些许小小帮助，让我今后也可以引以为荣！结果却是劳而无功。你那生气勃勃的伟大诗篇，已渗入我的身心，化作我生命中的一部分了；它的每一朵奇葩都在我的心田里生下根、发了芽。假使竟让这些花儿晒干、压瘪，十二万分珍惜地把花瓣夹进书页；再在书页的天地头上头头是道地加一番说明，然后合起来，束之高阁……而这本诗集居然还给称作"花苑"！那将会面目全非了啊。可是话得说回来，我还用不着到完全断绝这个念头，也许有一天我能做到这一步。因为就说眼前，跟无论哪个值得谈的人谈起你，我都能说得出一个我所以钦佩的道理来：那清新美妙的音乐啊，那丰富的语言啊，那细腻精致的情操啊，那真实、新颖而大胆的思想啊，都可以列举的种种优点。可是如今在向你——直接向你本人说话的当儿——而这还是第一次，我的感情全都涌上了心头。我已经说过，我爱极了你的诗篇——而我也同样爱着你。你知道有这回事吗？有一回我差点儿能见到你，当真能见到你。有一天早晨，坎宁先生问起我："你想要跟巴莱特小姐见见面吗？"问过之后，他就给我去通报；接着，他回来了——你身子不太舒服。这已经事隔多年了，我觉得这是我生平一次不凑巧的事，正好比探奇寻胜，我已经快达到那个圣地，只一举手之劳，揭起幕帘，就可以身临其境了；不料（我如今有这种感觉）中间却还横隔着一个细微的障碍——尽管细微，却足以叫人无从跨越。于是原来那扇半开的门完全关上了，于是我折回家去——这一去就咫尺天涯，从此再也无缘瞻仰了！

好吧，这些诗篇是会永远存在的，还有，是藏在我心头的那种衷心感谢的快乐和自豪感。

——〔美〕约翰·摩西·白朗宁

索菲，你来呀！我真想用铁一般的心肠对待你，让你那不怜悯人的心受点痛苦！你把我的理性、荣誉和生命一块儿夺走了，我为什么要爱惜你呢？唉，你要是不用那致命的爱神之箭来杀了我，而是用把利剑刺入我的心头，那你的残忍不知要少多少倍！你看看我过去是什么样子，现在又是什么样子，看看我已跌落到何等程度！当你答应要听我的话时，我是一个超凡脱俗的人，自从你甩掉了我，我便是人类中一个最微不足道的人了。我已经丧失了一切理性，一切理解力，一切勇气。总而言之，你把我一切的东西都掠夺走了！你怎么能决定毁弃你的工作呢！你怎么能认为你从前善意追求和敬仰的人毫无价值呢？唉，索菲呀！我诚恳地告诉你，不要羞于和从前祈求过的人在一道。为了你的名誉，请你清理一下：难道我不是你的财产吗？你还没有抓住我吗？你不能否认，既然我是属于你的，所以至少也配得上说：我是你的。回忆一下过去的欢乐吧！即使我在痛苦之中也永远不能忘记。是那种使我获得第二次宝贵生命的无形无影的烈火给了我心灵和意识以少年时代的全部精力，我觉得，热烈的火焰驱使着我投入你的怀中。你的心虽然装有另一种爱情，但我心中的热情不是常常打动过它吗？记得在那瀑布边一小亭子中，你不时地对我说："你是我脑子里所仅能想象到的最体贴的爱人，不，没有一个人像你这样富有爱情的！"听了你口中发出的这种"供词"，我是多么幸运啊！唉，这是真的！我诚挚地请求你感觉到这样热情，这很值得你去感觉，并且我要用这种炽热的情怀去引起你心中的同感。然而，你现在竟反悔了。你为什么要使自己遭到非难呢？你的过失在哪里？你的忠实因为那种温和手段——那是使你的心和感觉冷淡了的手段——所承受的危险到了什么程度了呢？假如我更可爱、更年轻一些，那种诱惑便不能得逞了。然而你既然先已没有为之所动，那又为什么又变卦了呢？你有许多条件可以得以满足，为什么又要改变态度呢？

不再做你的朋友了吗？亲爱的，令人销魂的索菲啊，生存在世上而无法恋爱，这使我怎么能忍受得了！既然你把甜蜜的纽带结在岩石之上，那么我的心怎么能够和你分开呢？我要对着你的良心倾诉：你亲眼看到了这种精神错乱、这些泪水，这般失魂落魄的样子，这番热烈疯狂的胡作非为——这不是一个天生的特性，而是因你而形成的。请你说一说，既然我曾耗费过你的眷恋，那么现在应该失去它吗？唉，不能啊，这种眷恋引起过我心中的一些体贴的恐惧，你却残忍地利用这种恐惧，否认了这种眷恋。我要说，我满腹爱情比起过去胜似千万倍，可我同时对你也更谨慎、更顺从，并且小心翼翼地避免有只言片语冒犯了你。你的好心肠——是它看见我在你的面前发抖——怎能决定用我的痴情做武器来抵抗我的自身，并且使我——本来应该快乐的我——陷入悲惨的境地呢？

你的好意的第一种代价是教训我是爱情的本身去抑制我的爱情，将爱情在我心中所引起的最热烈的愿望牺牲掉，并且在你的安宁之下毁灭我的幸福。我既不想回忆在你的花园中所出现的事，也不想回忆在你房中所发生的事。但是，为了表示你的娇资艳容如何使我沉醉，如何使我决定要获得你起见，请回忆一下奥林匹堡，请你回忆那用铅笔写在一棵橡树上的那番话？当那宝贵的一刹那，凡是某种纯洁的爱情在世界上所能给予的好处你都献给了我。从那时起，我非常珍视这些，以致我不敢设想牺牲了你再去寻欢作乐。你那方面，一次唯一的推却便让那不合理的狂热消沉下去了。

有人热爱你的荣誉不亚于你自己。重新将你那美好的感情赐予他吧，这样才不至于伤害他，对于你和对于我自己，我都不祈求饶恕。要是我可以控制自己，也许便有了胜利的光荣而且获得某种力量了；可是，一旦我心上的人将我抛弃，让那一颗多愁善感的心不去失望怎么有可能呢？胜利如果不出于自由意志，那胜利的价值便消失了。要想使我健康，就必须让我凭着我的热情去奋斗。真是罪有应得！我已感觉到了这一点，但我只要想起你不需承担责任，便也得到了快慰。啊，索菲呀！自从那甜蜜的刹那间之后便永远被拒绝，这种状况对于怀愁抱恨的人来说，太可怕了！他不能和你一致。什么？你那闪电般的眼神和那使我万分酲醉的娇羞之态永远不能映入我的眼帘了吗？我永远不能触及那天上的云雨，那飞逝的电光，那毁灭一切的情火了吗？啊！形容不尽的刹那！什么样的心，什么样的人，什么样的上帝能够抗拒住你那无法言喻的魅力呢？

——〔法〕让－雅克·卢梭

幽默

告诉你，一想到你，我这张丑脸上就泛起微笑，还有在我安静的时候，你就从我内心深处浮现，就好像阿芙罗蒂从浪花里浮现一样。

——王小波

中国有句俗话：文章是自己的好，老婆是人家的好。可是对我来说是，老婆是自己的好，文章是老婆的好。

——梁思成

凡是有钱的单身汉，总想娶位太太，这已经成了一条举世公认的真理。

——〔英〕简·奥斯汀

我认定这是一条绝对的真理：一个女人只要不是个驼背，日后总能嫁个如意郎君。

——〔英〕威廉·梅克比斯·萨克雷

饮食男，女人之大欲存焉。

——苏青

男人要是知道女人心里头想些什么，他至少比现在大胆十倍。

——李碧华

不要问我心里有没有你，我余光中都是你。

——余光中

我是宋清如至上主义者。

——朱生豪

祝你今天愉快，你明天的愉快留着我明天再祝。

——王小波

而且即使你是宋清如，也不应该把"地址"写成"地趾"。

——朱生豪

令人不能自拔的，除了牙齿还有爱情。

——佚名

幽默是轻轻地挑逗人的情绪，像搔痒一样。

——林语堂

最短的情话是你的名字

每日暖心情话

机智和妙语可在交际场上为人增添光彩，而俗气的玩笑和浪声大笑却会使人变成一个丑角。

——〔英〕切斯特菲尔德

玩笑开得过于认真，就会给人造成很大的痛苦。

——〔罗马〕普布利乌斯·科尔涅利乌斯·塔西佗

开玩笑应该遵循适可而止的原则。

——〔罗马〕马尔库斯·图利乌斯·西塞罗

话到妙处即应停止，免得玩笑开过了头当真。

——〔威尔士〕乔治·赫伯特

不要在笑语中挥舞上帝的双刃剑。

——〔英〕托·富勒

如果没有幽默天才，千万别说笑话。

——张爱玲

幽默，可以说是一个敏锐的心灵在精神饱满生趣洋溢时的自然流露。

——余光中

幽默是一种亲切、轻松、平等感。装腔作势、借以吓人是幽默的对头。

——王蒙

幽默的灵魂是诚挚和庄严。

——王蒙

一个真有幽默感的人别有会心，欣然独笑，冷然微笑，替沉闷的人生透一口气。

——钱钟书

爱你真是可人的事情，至于恨你，真是太甜蜜了。

——〔美〕摩尔

对于女人来说，考古学家是最好的丈夫。因为妻子越老，他越爱她。

——〔美〕克里斯蒂

"好"女人总是把"坏"女人骂个半死，可是如果让这些"好"女人有机会尝尝做"坏"女人的滋味，没有一个不跃跃欲试。

——张爱玲

幽默是藏身于笑话之后的严肃。

——〔威尔士〕约·韦斯

幽默的精髓是悟性。

——〔苏格兰〕托·卡莱尔

缺乏幽默感的人不能算是很完善的人。

——〔英〕塞缪尔·泰勒·柯勒律治

幽默与严肃互为验石，因为不愿接受善意的玩笑，其中必有疑处，而经不住审度的玩笑也一定是假智慧。

——〔古希腊〕亚里士多德

幽默是多么艳丽的服饰，又是何等忠诚的卫士！它远远胜过诗人和作家的智慧；它本身就是才华，它能杜绝愚昧。

——〔英〕沃尔特·司各特

幽默也是一种执拗，一种偏偏要把窗户纸捅破，放进阳光和空气的情感。

——王蒙

可以说，诙谐幽默是人们社交场上所穿的最漂亮的服饰。

——〔英〕威廉·梅克比斯·萨克雷

诙谐中难免带点粗话。

——〔美〕约·威尔逊

谐谑不可能不带点恶意。玩笑中的恶意是使玩笑令人难忘的倒刺儿。

——〔英〕理查德·布林斯利·谢立丹

诙谐的事情从来不会引起笑声；它只能取悦于心灵，但绝不会反映在脸上。

——〔英〕切斯特菲尔德

意外是谑语的基本要素，谑语一重复就会失去原有的效果；——至少，任何谑语初次使用时所产生的令人惊愕的效果决不会重现。

——〔美〕佩尔西·史密斯

许多真话都是通过开玩笑的方式说出来的。

——〔美〕博恩

智者编造笑话，愚者重复笑话。

——〔美〕约翰·雷

康德的书可以一个人自己读，但玩笑却只有与他人合起来一起。

——〔英〕罗伯特·史蒂文森

玩笑可以定夺大事，它常比认真更有力，更有效。

——〔英〕约翰·弥尔顿

人类几乎是普遍地爱好谐趣，是自然界里唯一会开玩笑的生物。

——〔美〕拉尔夫·沃尔多·爱默生

俏皮话就像练剑用的钝刀子，怎样使也伤不了人。

——〔英〕威廉·莎士比亚

单调无聊的谈话会令人生厌，因此，善于言谈者必善幽默。

——〔英〕弗朗西斯·培根

憧憬

爱情使人心的憧憬升华到至善之境。

——〔意大利〕但丁·阿利吉耶里

　　亲爱的天使，我不愿让你忧愁。我刚才从窗子里看着你的房子，对上帝说："上帝呀，有我的全部幸福的地方竟有忧愁，这是怎么搞的？"我不明白你怎么感觉不到我爱你。我觉得，只要靠近我，你就会感到温暖；我的爱在体外辐射，你应该感觉得到；如果你只是灵魂，你将看到我的爱，它是我此生的热情，来世的光明。我如此深挚地爱你，以致我觉得跟你说出来愚蠢。你应该比我更清楚。我流露出爱，我呼吸着爱，憧憬着爱；它是我的空气，我的气息。我从你那儿取来，又把它还给你。如果你感觉不到我们灵魂这迷人的来往，那我还有什么话跟你说呢？难道有词汇来表达它吗？你在房间里戴帽子，准备出门时，我给你写了这些话。我听见你走下楼梯的声音。现在你又回来了。我希望你是我的快乐，只有你才能使我快乐，怎样给我快乐？通过一个吻，让我觉得你多情；通过一个微笑，让我发现你愉快。——我爱你。我不再希望你是个讨厌的女人，因为不能让天使当魔鬼，让朱朱做埋三怨四的女人。——我爱你超出我的生命。你是我的快乐。你知道我向上帝要求的是什么？是你！

让我们爱吧。让我们幸福。

——〔法〕维克多·雨果

我的人儿：今天天很热，可我的心却更热。我看见了许多天真烂漫的大孩子，我从他们之中拣起一个，抱在怀中。唉，要是当时你在旁边，我一定会把他放到你的怀里。他是乡村中最美丽的孩子，我们本来可以双双和他亲吻，于是我们自己也满怀着希望和喜悦了。可现在竟只有我一个人在吻他，但我每次总是吻他两下，其中一下是代表你的。纳尼顿城中的小孩便没有这么美丽、安静、健康；然而，我们将来的小孩子应当和这小孩子一样美丽、安静、健康。

舒尔赛丝，我现在很安逸，很愉快，虽然你把我送走了，没有和我接吻，我也是快乐的。我的心儿在胸中笑着，无论到了哪里，它总是在思念着你的。我的人儿，我今天坐在一棵硕果累累的矮树下，树枝低垂，宛若一张靠背椅。清风徐徐地吹来，树叶翩翩地起舞，浓荫密布在我的四周，不让太阳光向我侵袭。我旁边还有一个树枝形同一张抱龙椅，恰恰也在阴凉处。当微风吹拂，倍觉凉爽的时候，我便想到，你应该坐在那儿，面对着我。我特意为你留下这优美的座位，我在我的树枝上读你的信，慢慢地抬起头来，望着那树枝，怎么才能让你坐在那上面，我们彼此手拉手，互相接吻，还可以为所欲为——不像在那热气蒸人的房子里又羞又怕的呢？想到这里，我不禁心旷神怡。

你在干什么呢？无论怎样，你一定在想念我，并盘算着。有无数的时间我都是孤独地生活，不能与你接一次吻！舒尔赛丝，想一想你那些恶作剧，你肯定不知羞！这一回我可忍受够了。有人敲门，教堂里的祈祷完毕了。舒尔赛丝，我该怎么度过这个时刻，你又怎么去度过这个时刻呢？

现在正是晚上，我又有一会儿工夫和你说话了。我开始数着算着，到天明，早晨，还有多久呢？我不想详细地告诉你，我是怎样为了盼望着明天而不能入睡，并且每每起床探望，看是否已到天明；我不想告诉你我曾迁怒于夜半疲劳的更夫——怪他没有催促晨光早些来临；这些我都不告诉你；然而，如果你悔约——告诉了我你是怎样熬过这些时刻的，我将向你尽情地诉说这一切。

舒尔赛丝，祝你安眠，并进入梦乡！你所爱的佩斯塔劳希。

——〔瑞士〕佩斯塔劳希

我亲爱的，你很可能发现我的坏习惯没有改正。当我的脑子里充满幻想、心中充满怨恨时，我对于有几分亲近的人绝不能写信，这也是我的坏毛病之一。可是，对于我的最爱的女人必须有个例外，或者这正是她要求的？这种要求是出于极大的善意，如果我辜负了这番心意，倒不如装作不理解善意好些。然而让她知道我心中有所不快，哪怕是有碍于她那开朗的情怀，我想她也会高兴的。

我亲爱的，早些给你写信只会增添你对我的挂念。现在我开始觉得好一些了，然而在八天之前，每一个字词都会向你泄露我那十分忧伤的心情。我患有忧郁症，这比我自己想象的还厉害，现在无须隐瞒了，但经验告诉我，这种忧郁之症的根子并不很深。因为当我一旦从这种讨厌的愁城中抽出身来，投入到人群中去，便会很快好一阵子。于是我常扪心自问：为什么老要把自己陷入那讨厌的愁城中去呢？倘若是屋脊上的麻雀，不是早就千百次地飞走了吗？

八天以来，在一直置身于人群之中，当新年来临之际，我在布伦瑞克的宫廷中，曾做了一些腌鱼或赶骡子等事，这些事做起来没什么益处，但若永远甩掉不干却有点不利呢——我这时所拥有的唯一愿望是什么？唉，我的爱，你很知道这种愿望，难道我不该和你在一块过一个快乐的新年吗？

上面这种念头死死地缠住我不放，到本月6号才好些，那天，我参加了札卡利亚斯的婚礼。要我欢快起来，谈何容易！但毕竟是榜样打动了我，使我和大家一样欢欣鼓舞；你认识札卡利亚斯，可是你要能想象出这是一种何等辉煌的婚礼，可不那么容易了。所有的事物应有尽有，还有二十种东西是人们所梦想不到的。我们闹啊，跳啊，一直闹到第二天天亮，除了新郎新娘以外，没有人上床睡过觉。

我亲爱的，祝你好。我几乎没有办法再向你说些本来不当再说的话：我爱你，爱你胜于一切，我在意念中每天都要拥抱你千百次呀！

1773 年 1 月 8 日于沃尔芬比特尔

——〔德〕戈特霍尔德·埃夫莱姆·莱辛

爱情从回顾过去与憧憬未来中吸取养料。

——〔法〕维克多·雨果

第十三章

风度气概

男人

男人在爱情上所表现出的机智最富于魅力。

——〔法〕莫鲁瓦

在男人身上，智慧和教养最要紧，漂亮不漂亮对他来说，倒算不了什么！

——〔俄罗斯〕安东·巴甫洛维奇·契诃夫

要是你头脑里没有教养和智慧，那你哪怕是美男子，也还是一钱不值。

——〔俄罗斯〕安东·巴甫洛维奇·契诃夫

女人失去男人的陪伴会变得憔悴，男人失去女人的陪伴会变得愚蠢。

——〔俄罗斯〕安东·巴甫洛维奇·契诃夫

即便是世界上最天真的男人，也免不了要向情人表现自己的伟大。

————〔法〕奥诺雷·德·巴尔扎克

我一贯认为男人的容貌如何是无关紧要的。我更感兴趣的是一个人的头脑，而不是他的外貌。

————〔英〕威廉·萨默塞特·毛姆

一个男人应该引人注目的地方不是他的马，也不是其他的饰物，而是他的人品。

————〔法〕奥诺雷·德·巴尔扎克

在艰难困苦的岁月里，一个男人性格坚强，就有可能为他的家庭带来幸福。

————〔法〕司汤达

第十三章 风度气概

气概

男子要有刚强和自由勇敢的气概，哦！他更应该有些深藏的秘密。

——〔德〕约翰·沃尔夫冈·冯·歌德

没有恶习固然是好事，但是没有吸引力就未必是好事了。

——〔英〕沃尔特·白哲特

男人在爱情上所表现出的机智最富于魅力。

——〔意大利〕安德烈·莫罗阿

到手的东西绝不会像追求它时那样富有魅力。

——〔意大利〕小普林尼

当你把自己独有的一面显示给别人，魅力就随之而来。

——〔意大利〕索菲娅·罗兰

愉快的心情是穿到社交界去的最好衣裳之一。

——〔英〕威廉·梅克比斯·萨克雷

世界上没有比结实的肌肉和新鲜的皮肤更加美丽的衣裳。

——〔俄罗斯〕弗拉基米尔·弗拉基米罗维奇·马雅可夫斯基

风度

所谓男子气概是指亲切、慈爱的风度，它绝不是指肉体上的意愿而言。

——〔伊朗〕萨迪

我的风度是贵族的，但我的行为却是民主的。

——〔法〕维克多·雨果

一个人的行为举止、风度仪表是展现一个人外在魅力的主要方式之一。优雅的行为举止使人风度翩翩。

——〔英〕塞缪尔·斯迈尔斯

美的风度的第一条法则是：请尊重别人的自由；第二条法则是：请自己表现自由。

——〔德〕埃贡·席勒

彬彬有礼的风度，主要是自我克制的表现。

——〔美〕拉尔夫·沃尔多·爱默生

这张脸好像写得很好的第一章，使人想看下去。

——张爱玲

最讨厌的是自以为有学问的女人和自以为生得漂亮的男人。

——张爱玲

任何人，甚至一个证券经纪人都会因穿上晚礼服、戴着领带所表现的文雅而赢得名誉。

——〔爱尔兰〕奥斯卡·王尔德

年轻人应该装束得华丽潇洒一些，表示他的健康活泼，正像老年人应该装束得朴素大方一些，表示他的矜严庄重一样。

——〔英〕威廉·莎士比亚

衣服不利索是精神萎靡的表现。

——〔西班牙〕塞万提斯·萨维德拉

尽你的财力购置贵重的衣服，可是不要炫新立异，必须富丽而不浮艳，因为服装往往可以表现人格。

——〔英〕威廉·莎士比亚

外表的整洁和文雅应当是内心纯洁和美丽的表现。

—— 〔俄罗斯〕维萨里昂·格里戈里耶维奇·别林斯基

一个打扮并不华贵却端庄严肃而有美德的人是令人肃然起敬的。

—— 〔英〕弗朗西斯·培根

人应该透过衣着洞察别人，而且还要学会忽视衣着。

—— 〔英〕卡莱尔

让漂亮衣服和漂亮家具给吓倒，这种毛病在咱们每一个人身上都未免太常见了。

—— 〔英〕查尔斯·狄更斯

我们的衣着既不要过于艳丽而俗气，也不可破烂而肮脏。

—— 〔西班牙〕塞内加

最朴素的往往最华丽，最简单的往往最时髦，素装淡抹常常胜过浓妆艳服。

—— 〔法〕莫鲁瓦

精致服装的好处仅是为你提供赢得尊敬所需要的手段。

—— 〔英〕塞缪尔·约翰逊

只有当你想得到别人的尊重而又没有其他办法时，漂亮的衣服才能派上用场。

——〔英〕塞缪尔·约翰逊

　　人穿好衣服还有原因：只要你穿得体面，狗就不会咬你，而会对你敬三分。

——〔美〕拉尔夫·沃尔多·爱默生

　　必要的时候不妨把衣服穿得马虎一点，可是心灵必须保持整洁才行。

——〔美国〕马克·吐温

　　情操上的任何微瑕都会使你美丽的服饰失去全部魅力。

——〔美〕拉尔夫·沃尔多·爱默生

　　讲究衣着是一件十分愚蠢的事情，但对一个男人来说，不讲究衣着更加愚蠢。

——〔英〕切斯特菲尔德

　　无论如何，一个人应永远保持有礼貌和穿着整齐。

——〔瑞典〕古斯塔夫·维尔纳·冯·海登斯坦

第十三章　风度气概

服装往往可以表现人格。

——〔英〕威廉·莎士比亚

我们都是亚当的后代，但衣着造成了我们之间的差异。

——〔英〕罗比·福勒

使人成为君子的并不是讲究的衣着。

——〔英〕罗比·福勒

　　那些偶像看起来穿戴和装饰得很华丽，但可惜，他们是没有心的。

　　装饰的华丽可以显示出一个人的富有，优雅可以显示出一个人的趣味；但一个人的健康与茁壮则须由另外的标志来识别。

——〔法〕让－雅克·卢梭

智慧

　　智趣的恋爱无疑是最理想的；但是愣头愣脑地恋爱一场总比不能恋爱强。

　　　　　　　　　　　——〔英〕威廉·梅克比斯·萨克雷

　　爱情和智慧，二者不可兼得。

　　　　　　　　　　　——〔英〕弗朗西斯·培根

　　情场上的傻瓜实在是精明透顶！

　　　　　　　　　　　——〔英〕乔·库克

　　呵，霸道的爱情，一旦被你缠住，我们就不得不和谨慎作别。

　　　　　　　　　　　——〔法〕让·德·拉·封丹

　　审慎和爱情从来就是势不两立的：爱情得势，审慎就一定失势。

　　　　　　　　　　　——〔法〕弗朗索瓦·德·拉罗什富科

理智做不了爱情的主。

——〔法〕莫里哀

爱情把我拽向这边，而理智却要把我拉向那边。

——〔古罗马〕奥维德

现今世界上的理性可真难得跟爱情碰头。

——〔英〕威廉·莎士比亚

只有聪明人才知道如何去爱。

——〔西班牙〕塞内加

假如你记不得你为了爱情而做出来的一件最琐细的傻事，
你就不算真的恋爱过。

——〔英〕威廉·莎士比亚

第十四章

优雅风情

女人

女人最使我们留恋的，并不一定在于感官的享受，主要还在于生活在她们身边的某种情趣。

——〔法〕让－雅克·卢梭

一个女人只有通过一种方式才能是美丽的，但是她可以通过十万种方式使自己变得可爱。

——〔法〕孟德斯鸠

当女人用柔软把自己武装起来时，她们是最坚强的。

——〔法〕德芳夫人

女性如果有才气，如果因惊人的美丽而生气勃勃，就表现出高雅秀逸的风姿。

——〔法〕布莱士·帕斯卡

最短的情话是你的名字

每日暖心情话

234

女人最可爱的两种品质，那就是：辨别善恶的能力和羞耻心。

——〔意大利〕拉法埃洛·乔万尼奥里

一个女人可以用化妆品使她出一出风头，但要获得别人的喜爱，还要依赖她的人品。

——〔法〕让－雅克·卢梭

女人对她爱人的微笑，在黑暗中有一种照人的光亮。

——〔法〕维克多·雨果

痴情

你问我爱你值不值得，其实你应该知道，爱就是不问值不值得。

——张爱玲

我自从混迹到尘世间，便忘却了我自己，在你的灵魂里我才知是谁。

——石评梅

在人生的路上，总算有一个时期在我的脚迹旁边，也踏着他的脚迹。

——萧红

海滨灵海无潮汐，故人一去绝音息。冷鸥空留逐波影，异云徒伤变幻性。

——李唯建

听到一些事，明明不相干的，也会在心中拐好几个弯想到你。

——张爱玲

月盈则亏，水满则溢，我们的爱情到这里就可以了，我不要它溢出来。

——杨绛

每想你一次，天上就飘落一粒沙，从此形成了撒哈拉；每想你一次，天上就掉下来一滴水，于是形成了太平洋。

——三毛

秋：

你走了，好像全台北的人都跟着你走了，我的家是一个空虚的家，这个城市也好冷落！"寻寻觅觅！冷冷清清"！

你的笑声、哭声，临别前的叮咛，重复在我耳际。挂断了电话后，我不能成眠，我脑海中出现的只有你的影子，八、九、十、十一这四个小时中我无时无刻不想再拨电话给你，但是你说怕听我的声音，我的声音会令你心碎。所以，我忍了又忍，一再地忍，并且盯着床边的小钟发怔，数着秒、分、刻、时！

我知道你所讲的都是实话，没有半句骗我的。可是，我整个上午电话插头依然不忍心拨下！我希望有个奇迹突然来临，那就是电话铃声。十时半是有电话来了，通话人即是小胖子，失望之余，也算有一丝希望，一个心愿没有达到，另一个心愿总算实现，他们四位替我送你也很好啊！

至少在登机前，你能看到几个我集团里的亲切面孔呼唤你，"聊胜于无"，你不论是真的报以微笑还是装出来的，至少他们回来说你是笑了，而且你要他们赶回来向我报告，不是吗？

　　亲人，想不到我出生至今才在台北的字典里、书店里、威廉·莎士比亚戏剧全集里找到你，我唯一的亲人啊！我愿意和你厮守一世、二世、三世……八百世……永远永远。亲人，你高兴吗？

　　我要你高兴，我要使你高兴，你高兴，我才快乐，高兴快乐，才有健康，才有幸福。亲人，请你记得我所说的，我所希望的，因为不久的将来我们将要在一起创造我们的新宇宙、新园地！

　　你能不给我这些我所需要的吗？临别前一天，你所提出来的要求，我全部答应并遵守，我是个很明理的"小娃"，何况你是如此痴狂地爱着我，这份爱我如何担当得起？

　　我会听话的！我乖亦即是深爱着你，往后我不会太任性了，我绝不令你失望，因为你的失望，就是我的失败！

　　我懂，我会保重，祝健康快乐如意。

　　你的小亲亲

——韩菁清

　　沃尔特·司各特——世界上除了你和你珍贵的爱情之外，我别无所求。一切物质都如浮云，不值一提。

　　我只是痛恨过着悲惨、黯淡的生活——因为你很快就不再这么爱我——我愿意付出一切——一切——独占你的心——我不想活着——我首先想要爱，然后再是活着。

不要——不要去考虑那些你无法给我的东西——你已经将最最诚挚的心托付于我——这远远要比世上任何人给我的都多得多。

说真的，你怎么能够想象没有我的日子——要是你死了——哦，亲爱的——亲爱的沃尔特·司各特——这就仿佛一片黑暗……我的生活将会失去目标——成了点缀。

你难道不觉得我是为你而生的吗？我觉得你仿佛预订了我——而我被送到你面前——被你佩戴——我想要你戴着我，就像戴着一块手表——一个饰品或是一朵胸花，向全世界展示。

然后，只剩我们俩时，我想帮你——我想知道，没有我，你将一事无成……

全心全意——我爱你

——〔美〕泽尔达·赛叶

优雅

优雅产生于制约。

——〔英〕弗朗西斯·培根

优雅是上帝的礼物，而智慧则是天赐的好运。

——〔英〕兰格伦

优雅比美丽更富有魅力。

——〔美〕拉尔夫·沃尔多·爱默生

优雅是永恒的，而丽质却有消损的时候。

——〔英〕托·富勒

优雅之于体态，犹如判断力之于智慧。

——〔法〕弗朗索瓦·德·拉罗什富科

仅有丽质而无优雅的神态，有如鱼钩上未放钓饵。

——〔美〕拉尔夫·沃尔多·爱默生

驾驭语言的能力能使你变得高雅。

——〔英〕亚历山大·蒲柏

风情

秋波能荡起春心。

——〔苏格兰〕约翰·克拉克

肌肤若冰雪，绰约若处子。

——庄子

夸示自己从不卖俏，实际上就是在卖俏。

——〔法〕弗朗索瓦·德·拉罗什富科

她的眼睛里、面庞上、嘴唇边都有话，连她的脚都会讲话呢；她身上的每一处骨节、每一个行动，都透露出风流的心情来。

——〔英〕威廉·莎士比亚

女人对自己的娇艳并不了如指掌。

——〔法〕弗朗索瓦·德·拉罗什富科

要女人克制春心——难；要女人收敛风情——难上加难。

——〔法〕弗朗索瓦·德·拉罗什富科

我的宝贝，我现在没有别的事情，所以我可以尽情地吻你。你将你的全部快乐生活的细节一一描述给我，你的这份心意让我感动。但我的娇妻，你可以好好享乐，但是不要太俗气了，也不要完全把我忘了。我喜欢看见你梳妆打扮，喜欢你妆扮后的娇媚动人。你要写信告诉我，你在舞会中是怎样超群出众的……我的宝贝，但请你不要过于俗气地去卖弄风情。我不是妒忌，我知道你是不会过分极端的，但是你要知道，凡带着我们莫斯科"年轻小姐"味道的东西，凡英文中所称为俗气的东西，我都反对。我回来后如果发现你那可爱的、流利的、贵族式的声调改变了，那我发誓要和你离婚，随即我就会加入士兵的队伍中去经受那忧愁之苦。

——〔俄〕亚历山大·谢尔盖耶维奇·普希金

亲爱的宝贝妻子！我想和你坦率地谈谈。你根本没有必要发愁。你有一个丈夫，他爱着你，尽一切力量照顾你。至于你的脚，只要有耐心，它肯定会好的。只要你心情愉快——我当然是愉快的——我就很高兴。但我真心希望你在某些场合不要过于轻浮！我觉得，你和×××在一起太放纵了，和×××在巴登时也是一样。你知道那样做的后果是什么。你也应该记住你答应过我的话，啊，上帝！——你千万要坚信我的爱情——高兴起来，用亲切、愉快的态度对待我——别让我受不必要的嫉妒的折磨！相信我的爱情——你也看见了这种爱情的表露——那么，我们就会过上幸福愉快的日子。你应当坚信，女人只有保持冰清玉洁，才能使她的丈夫永远爱她。

——〔德〕列奥波尔得·莫扎特